こひつじたちのABC

アダムからはじまる物語

山下智子●文　池谷陽子●絵

日本キリスト教団出版局

こひつじたちのABC
アダムからはじまる物語

もくじ

装丁　松下陽子

まえがき AtoZ

『こひつじたちのＡＢＣ』は、アダムからはじまる神さまとわたしたち人間との物語、救い主イエスさまの誕生にいたる神さまの救いの歴史に、旧約聖書のさまざまな人物や事柄から近づこうとするものです。

とはいえＡＢＣ順にテーマを選びましたので、必ずしも旧約聖書全体をバランスよく紹介するような内容ではありません。むしろ、とても有名というわけではないけれど神さまを信じて素敵に歩んだ人々や、神さまのさまざまな愛の働きに出会うことを目的としています。

そこで、この本がみなさんにとってより味わい深く、それぞれの歩みを励ますものとなるように、はじめに旧約聖書とはどのようなものであるのかということを簡単に述べておきます。

旧約聖書には、イエスさまがお生まれになる前の、神さまと人々との歩みが、イスラエルの歴史を踏まえてしるされています。

ですから旧約聖書の最初にある「創世記」には、まず「この世のはじまり」につ

まえがき AtoZ

創世記には……
天地創造
アダム
エバ
カインとアベル
ノアの箱舟
バベルの塔
アブラハム
イサク
ヤコブ
ヨセフ
などの物語がある

いてしるされています。神さまは愛情をもってこの世界をつくられました。もちろんわたしたち人間もです！　神さまが最初につくられた人間がアダムでした。それからアダムのパートナーとしてエバをつくられます。

そして、このアダムとエバから生まれた子どもたちの物語が続きます。人類初の殺人事件であるカインとアベルの物語、大洪水を逃れたノアの箱舟の物語、天に届く塔をつくろうとしたバベルの塔の物語、「イスラエルの父祖」であるアブラハム、イサク、ヤコブの三世代の物語、エジプトに奴隷として売られてしまったヨセフの物語など、よく知られた興味深い話もたくさん含まれています。

「創世記」には神話的な物語も含まれ、年代もはっきりわからないことが多いのですが、文字どおりには理解しがたい不思議な物語の背後に、わたしたち人間をやさしく見守る神さまの愛のまなざしと、圧倒的な存在を感じることができるでしょう。

ヤコブの12人の息子

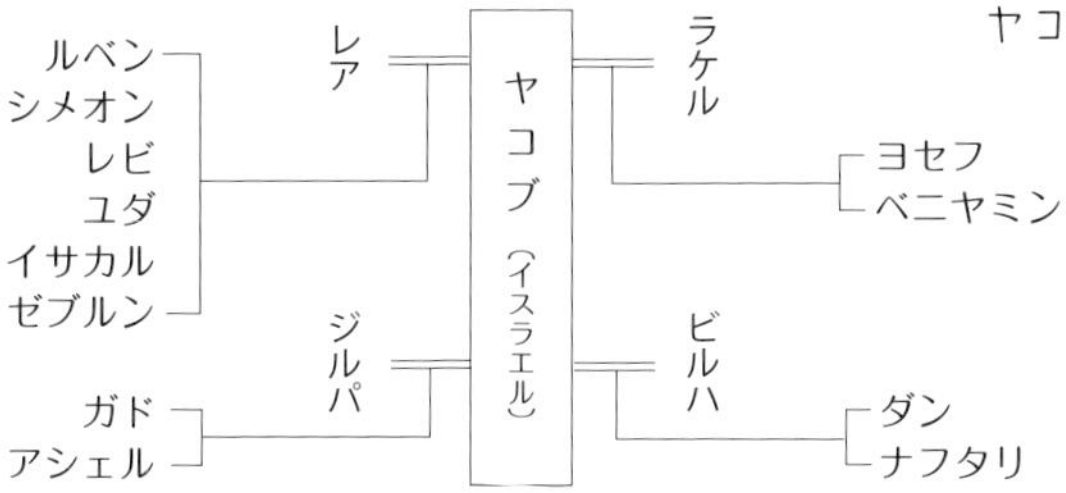

「創世記」に続く「出エジプト記」は、エジプトで奴隷とされ苦しんでいたヨセフの子孫、つまりイスラエルの人々がエジプトを脱出する物語です。紀元前一三世紀ごろのことと考えられます。この時、神に選ばれた指導者がモーセでした。モーセは民を率いて「約束の地」カナンを目指します。カナンとは現在のパレスチナ地方のことで、かつてアブラハムが神に導かれた父祖の地でもあります。その旅の途上、イスラエルの人々は神さまと「契約」をかわし、モーセを通して二枚の石の板に刻まれた十の掟《おきて》からなる「十戒《じっかい》」を与えられます。

「旧約」という言葉は「旧い契約」という意味で、イエス・キリスト以前にイスラエルの人々に与えられた「救いの約束」です。その具体的な内容は「律法」に示されています。律法は、人々が本当に人間らしく幸せに生きるために神さまが示した宗教的な掟や生活に関する決まりなどからなり、その中心にあるのが「十戒」です。広範囲にわたって詳細に定められた律法は「出エジプト記」のほか、「レビ記」「民数記」「申命記」にもしるされています。

また「民数記」には、シナイ山を出発してからのモーセたちの旅の続きもしるされています。モーセたちの旅は四〇年にわたり、外的内的困難に直面しながら荒れ野をさまよう過酷なものでした。残念ながらモーセは「約束の地」にたどり着く直前に亡くなりますが、「申命記」にはモーセの「告別説教」と最期の様子がしるされています。

ここまで紹介してきた「創世記」「出エジプト記」「レビ記」「民数記」「申命記」は、「律法の書」とか「モーセ五書」と呼ばれます。

モーセ五書は……
創世記
出エジプト記
エジプト脱出
↓
十戒授与
レビ記
民数記
出エジプト記の続き
申命記
モーセ告別説教

続く「ヨシュア記」から「エステル記」までは、イスラエルのその後の歴史を述べた「歴史書」です。

「ヨシュア記」は、モーセの跡を継いだヨシュアが人々とともにカナンに到着したことがしるされます。しかしカナンには、すでにさまざまな民族が住んでいました。ヨシュアはそうした民族と戦い、イスラエルの十二部

歴史書は……

ヨシュア記
士師記
ルツ記
サムエル記上
サムエル記下
列王記上
列王記下
歴代誌上
歴代誌下
エズラ記
ネヘミヤ記
エステル記

族に土地を分配します。

「士師記」には、士師と呼ばれる神さまから選ばれた指導者たちの活躍がしるされます。日本でいえば、さながら戦国時代の武将たちの活躍のようです。士師は必ずしも戦士とは限らず精神的・宗教的リーダーも含まれます。たとえば女預言者のデボラ、長い髪の毛にその力が宿るサムソンなど興味深い人々がいます。

「ルツ記」は、ダビデ王の先祖に当たるルツという女性の物語で、「士師記」と同時代の話です。

「サムエル記」には、最後の士師と呼ばれる預言者サムエルの活躍や、イスラエル初の王としてサウルが選ばれペリシテ人と戦ったことや、次のダビデ王による全イスラエルの統一の過程がしるされます。ダビデの活躍は日本でいえば豊臣秀吉の後、徳川家康が全国統一を成し遂げたことに重なるでしょうか。ダビデの時代、イスラエル王国は繁栄し、理想的な王としてダビデは後々まで覚えられていきます。

紀元前13世紀	11～12世紀	10世紀	8世紀	6世紀
モーセ ヨシュア	士師たち ルツ サムエル サウル	931 ダビデ ソロモン 王国分裂	722 イザヤ 北王国滅亡	586 エレミヤ 南王国滅亡 バビロン捕囚 538 捕囚からの解放 神殿再建開始

「列王記」には、ダビデの跡を継いだソロモン王によるエルサレム神殿の建設、紀元前九三一年ころにイスラエル王国が南北分裂した後、前七二二年ころに北王国イスラエルがアッシリアに滅ぼされ、前五八六年ころには南王国ユダがバビロニアに滅ぼされたことが描かれます。特に南王国の人々は、前五八六－五三八年ころの半世紀にわたりバビロニアに捕虜として連れていかれました（「バビロン捕囚」）。

「歴代誌」は、「サムエル記」「列王記」と内容的に重なり合うものですが、同じ出来事を独自の視点で歴史書として記述しています。

なお北王国がイスラエルを名乗ったのは、イスラエル十二部族のうちユダ部族を除いた十一部族の連合国家だったからです。これらの部族は北王国とともに消滅してしまいます。南王国はほとんどユダ部族からなりましたので、ユダと名乗りました。捕囚の困難を乗り越えたユダ部族の人々が、次第にユダヤ人と呼ばれるようになります。

「エズラ記」「ネヘミヤ記」は、バビロン捕囚から解放された後につい

5世紀	紀元1世紀
エステル エズラ ネヘミヤ	イエス・キリスト

てしるしています。故郷に戻ったイスラエルの人々（ユダヤ人）は、エズラやネヘミヤの指導のもと、苦労しつつエルサレムの神殿を再建しました。

「エステル記」は、同じころペルシア王妃となったユダヤ人エステルの物語です。エステルのようにユダヤ人の中には故郷に帰らず、各地で「離散の民（ディアスポラ）」として暮らし続けた人々も多くいました。

知恵文学
ヨブ記
詩編
箴言
コヘレトの言葉
雅歌

続く「ヨブ記」「詩編」「箴言」「コヘレトの言葉」「雅歌」は、「知恵文学」と呼ばれるのものです。

「ヨブ記」は敬虔なヨブがこれでもかというほど困難な出来事に直面する物語です。「正直者が馬鹿を見る」ということわざがありますが、ときに不条理なわたしたちの人生をどうとらえたらよいのか、ヨブの姿に考えさせられます。

「詩編」は今でいう賛美歌集です。「箴言」「コヘレトの言葉」は知恵や教訓が集められており、さしずめイスラエル版格言・ことわざ集といったおもむきです。

面白いのは「雅歌」でしょうか。これは歌といっても愛の詩、ラブレター集です。

大預言書
イザヤ書
エレミヤ書
（哀歌）
エゼキエル書
ダニエル書

気恥ずかしいような愛の言葉が続きますが、こうしたものが聖書におさめられているということも、神さまがわたしたちの歩みのさまざまな面を肯定してくださっていることを示しているようです。

「イザヤ書」から「マラキ書」までは、預言書です。実に一七書もあります。神さまから「預」かった言葉のことを「預言」といい、それを人々に伝える人を「預言者」といいます。

「イザヤ書」「エレミヤ書」「エゼキエル書」「ダニエル書」はボリュームがあり「大預言書」と呼ばれます。「哀歌」は、預言というよりは詩なのですが、エレミヤの詩だといわれていることもあり、「エレミヤ書」とセットで考えられます。

「ホセア書」から「マラキ書」までは「十二小預言書」と呼ばれます。

これら預言書の内容は、南北イスラエルが滅びゆく時代にあって、神さまを顧みない支配者や社会への批判、国家滅亡の警告が多くみられます。またバビロン捕囚のさなかには、人々に神に従うよう戒めるだけではなく、励ましを与え、捕囚後は神殿の

十二小預言書
ホセア書
ヨエル書
アモス書
オバデヤ書
ヨナ書
ミカ書
ナホム書
ハバクク書
ゼファニヤ書
ハガイ書
ゼカリヤ書
マラキ書

再建に関することなども含まれます。中には「ヨナ書」のように、魚に呑み込まれて三日三晩を過ごした預言者ヨナのようなユニークな物語も含まれています。

興味深いのは、北王国イスラエルと分裂した後も、ダビデ王の子孫が王位を継いだ南王国ユダの預言者の間では、現実の支配者に対する批判とともに、「やがてダビデの子孫から救い主が現れる」という希望が語られるようになったことです。

たとえばイザヤは、ダビデの父であるエッサイの子孫から救い主が現れることを「エッサイの株からひとつの芽が萌えいで　その根から一つの若枝が育ち　その上に主の霊がとどまる」（イザヤ書11章1―2節）と預言しました。ミカは、救い主がダビデの故郷ベツレヘムから現れることを「エフラタのベツレヘムよ　お前はユダの氏族の中でいと小さき者。お前の中から、わたしのために　イスラエルを治める者が出る」（ミカ書5章1節）と預言しました。

バビロン捕囚の苦しみの中で、これらの預言は深められていきます。エレミヤは、神との契約は人間側の不信仰により破られ、バビロン捕囚の悲劇につながったが、かつてエジプトからイスラエルの民が救い出されたように神はイスラエルの民を救ってくださり、新しい契約、新しい救いの約束を結んでくださると預言します。「来るべき日に……わたしの律法を彼らの胸の中に授け、彼らの心にそれを記す」（エレミヤ書31章33節）。新しい救いの約束は、わたしたちの心に刻まれ、わたしたちを本当に神さまの御心にかなうものにつくりかえるような救いの約束だというのです。

さらにバビロン捕囚のさなかでイザヤ（第二イザヤ、1―39章のイザヤとは別人といわれる）は、人々の罪を身代わりとなって担い、人々を救う「苦難の僕《しもべ》」について預言します。「彼の受けた懲らしめによって　わたしたちに平和が与えられ　彼の受けた傷によって、わたしたちはいやされた」（イザヤ書53章5節）。

こうした預言にしるされた救い主とは誰のことだと思いますか？　イエスさまを知っているわたしたちにとっては、イエスさまの姿が重なります。

旧約聖書はアダムからはじまる神さまとわたしたち人間との物語、つまり神さまの救いの歴史をしるしたものですし、わたしたちを愛し救い主を与えてくださる神さまがどういう方か、さらにはその救い主がどういう方かもしるされているのです。

特に「創世記」の物語を読むと、神さまはイスラエルの人々の神さまであるだけで

ハガル
║
╠── イシュマエル → アラブ人
║
アブラハム
║
╠── イサク ── ヤコブ（イスラエル） → ユダヤ人
║
サラ

なく、わたしたちすべての神さまであることがよく分かります。神さまがつくられたアダムとエバは全人類共通の祖先であり、その子孫が各地に散らばりさまざまな民族になっていくのです。

中でもアブラハムはキリスト教、ユダヤ教、イスラム教に共通して尊敬される人物です。意外に思われる方もあるでしょうが、キリスト教はユダヤ教を母体として生まれた宗教ですし、イスラム教はユダヤ教、キリスト教の伝統から大きな影響を受けて生まれた宗教です。つまりこれら三つの宗教は近しい間柄の姉妹宗教で、それぞれに特色はありますが、いずれも共通して天地をつくられた神さまを信じています。

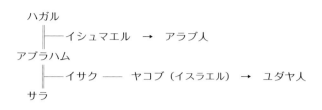

アブラハムには、イサクとイシュマエルという二人の息子がいます。このイサクの息子がヤコブです。ヤコブは神さまから「イスラエル」という名前を与えられ、ヤコブの十二人の息子たちがイスラエルの十二部族となっていきます。

こうしたイスラエル民族の歩みの中からユダヤ教が成立しました。さらにこのユダヤ教の伝統の中に、一世紀になりイエス・キリストが現れ、イエスさまこそ神の子・救い主と信じる人々によりキリスト教が成立します。一方のイシュマエルは、アラブ人の祖ともいわれ、七世紀になってこの中からムハンマド（マホメット）が現れイスラム教が成立するのです。

旧約聖書は、ユダヤ教にとっての聖なる書物でもあります。もっとも、旧約聖書を「旧い契約」「旧い救いの約束」と表現するのは、救い主イエスさまこそ「新しい救いの約束」と信じるキリスト教の信仰を反映しています。ユダヤ教の人々にとっては「旧約聖書」にしるされていることは決して旧いものではなく、この部分こそがユダヤ教の「聖書」です。キリスト教の「聖書」には、「旧約聖書」に、イエスさまがお生まれになって以降のことがしるされた「新約聖書」が加えられています。

またイスラム教の聖なる書物はムハンマドが神さまに示されたことをしるした「クルアーン（コーラン）」ですが、ここには旧約・新約聖書とよく似た物語がしるされています。また「クルアーン」とあわせて旧約聖書と新約聖書の一部も神さまから示されたことをしるした「啓典」として尊重され、ユダヤ教やキリスト教の人々は敬意を払うべき「啓典の民」と呼ばれるのです。

ユダヤ教やイスラム教のことも少ししるしたのは、わたしたち人間の歩みの中で、

まえがき AtoZ

政治的な理由から胸の痛む対立や争いが絶えず、特に弱い立場の者の命が踏みにじられていることをたいへん残念に思うからです。だからこそ、旧約聖書に向き合う時には、「創世記」にしるされている神さまがわたしたちすべての神さまであり、わたしたちすべてを愛し命を与えてくださっていることを忘れずに、そこからわたしたちがいかに生きるべきかを学びつつ読むことを願います。またこうした理解を大切にすることは、神さまがつくられた時に「良し！」と喜ばれた美しい自然のありようが踏みにじられている現状にも、大きな気づきを与えることでしょう。

それでは旧約聖書に関する前置きはこれくらいにして、素敵な旅の仲間たちとともにアダムからはじまるＡＢＣの旅に出発しましょう！

アダム

Adam

主なる神は、アダムと女に皮の衣を作って着せられた。
（創世記3章21節）

新しい学校、職場、家庭……。新しい世界へ足を踏み入れる時には、いつだって不安がつきもの。『こひつじたちのＡＢＣ』では、不安になりがちなわたしたちが、希望をもって元気に歩むためのヒントを、旧約聖書の物語からみつけていきます。

なぜＡＢＣかって？　それは入門的なものってこともありますけど、最初の人類がアダムだから！　アダムと妻のエバからはじまる命のリレー、今まさにわたしたちの出番です。大先輩たちがつないだ命のタスキをしっかり受け止め、今を生きる力に変えましょう！

Adam

アダム

Adam

アダムとエバは、エデンの園で何一つ不自由なく暮らしていましたが、ある時、神さまに禁じられていた「善悪の知識の実」を食べてしまいます。そのことを知った神さまは、アダムに労働の苦しみを、エバに出産の苦しみを与え、楽園から出ていくよう命じました。

これって悪いことをした二人に対する神さまの罰だと思いますか？　そう言われるとそんな気がします。でもこの考え方で納得してしまっては、この物語の大切な部分を見落としてしまいかねません。

確かに知識の実を食べたアダムとエバは、幼い子どものように神さまに衣食住を保証され、すべてを決めてもらって暮らすことはできなくなりました。でもこれは二人の新しい生活のスタートでもありました！

大人になったのに、理由もなくいつまでも親にすべてを頼っていたら変ですよね。同じように善悪を判断ができるようになったアダムとエバは、互いに助け合い、自分たちの責任で、苦労もあるけれど喜びも多い日々を歩みだしたのです。

考えてみると、神さまから与えられた労働や出産って、大変なことだけではないです。やりがいのある仕事に取り組むこと、子どもを授かること、これは人生の大きな喜びや満足となりえるものです。

神さまは成長したアダムとエバを罰していたのではなく、祝福していたのです！その証拠に二人の新たな旅立ちを、寒さや怪我《けが》を防ぐ素敵な皮の衣をプレゼントして見送っています。神さまはアダムとエバをこれまでと変わらず、これからも深く愛し見守っていました。神さまは二人を嫌いになったわけでも、見捨てたわけでもなかったのです。

初めてのことに取り組むのは昔も今もドキドキです。でも神さまがわたしたちの新しい歩みを祝福し応援してくださっていること、助け合って歩む家族や仲間がいることを忘れずに過ごしたいですね。

バベル

Babel

こういうわけで、この町の名はバベルと呼ばれた。主がそこで全地の言葉を混乱（バラル）させ、また、主がそこから彼らを全地に散らされたからである。（創世記11章9節）

わたし、英語が苦手です。それなのに何を思ったかアメリカに留学しました。思考力は日本にいた時と全く変わらないのに、会話力が突然二歳児並みになり、悪戦苦闘の日々でした。アメリカで生まれ育った人のように自由に考えや感情を話せたらどんなにいいかと毎日思っていました。

おそらく、言葉で苦労しているのはわたしだけではないでしょう。聖書は何と二五〇〇以上の言語に翻訳されているそうですよ。なんで世界にはこんなにたくさんの言葉があるのでしょうね。もし言葉が一つだけで世界共通ならば苦労はないのに……。

Babel

バベル

Babel

実は、昔々、世界はそんな夢のようなところでした。すべての人が同じ言葉を使っていて、話し合いもとても簡単、すぐに話がまとまりました。そんなわけで、シンアルの地に住み着いた人たちは、有名になろうとレンガとアスファルトで天まで届く高い塔をつくりはじめました。

ところが、神さまはそんな人間たちの様子を不安に思いました。そこで人々の言葉を混乱（バラル）させ、お互いの言葉を分からないようにすると、世界中に人々を散らしました。それで、その町はバベルと呼ばれるようになったと言います。

「ああ、残念！　誰とでも自由に話してみたかったなあ」なんて思ったそこのあなた、わたしも心からそう思います。でも、なんとなく神さまの心配は分かるような気もします。ようは言葉が通じること以上に心を通わすことが大切なのです。

たとえば植民地支配の歴史を見ると、まず言葉を統一します。それは強い者が弱い者を支配するためで、弱い者の言い分はあまり聞かれなくなります。神さまは、自分たちの力を誇示しようとするバベルの塔に、言葉を交わしてお互いの心を通わすどころか、強い者が違う意見や考えの者を力ずくで従わせる危険を感じたのではないでしょうか。

さらには、神さまは没個性の画一化された世界ではなく、いろいろな言葉があり、いろいろな地域にいろいろな人がいる多様な世界を望まれたのだなとも思います。

よく考えてみたら、わたし、日本語で話していても歯がゆい思いをしている時があります。確かに、分かり合えないのは言葉の問題だけではないですね。

言葉も含めそれぞれの違いを尊重し、精一杯心を通わすための努力をし続けること。それこそ神さまがわたしたちに期待していることかもしれませんね。

カイン

Cain

主はカインに出会う者がだれも彼を撃つことのないように、カインにしるしを付けられた。（創世記4章15節）

嫉妬はどうにも手に負えないものです。「こんなやつ、この世から消えてなくなってしまえ」なんて気持ちがムラムラとわいてきて、ともするとそんな醜くて激しい心の動きに飲み込まれ、人生さえも台無しにしかねないからです。

ちょっと怖い話ですが、人類最初の殺人ってどんなものだったと思いますか？　食べ物や水をめぐる争い？　それとも恋愛関係のもつれ？

実は人類最初の殺人は嫉妬によるものでした。それも兄が弟を殺したのです。

Cain

カイン

Cain

ある時、兄カインは畑の作物を、弟アベルはこひつじを神さまにささげます。ところがなぜか神さまは、弟のひつじだけを喜ばれました。

「どうして弟ばかり！」嫉妬に駆られたカインは弟を殺してしまいます。

弟はカインに対して何かひどいことをしたわけではありません。むしろ弟は「兄さん、兄さん」とカインを慕ってくれていたことでしょう。嫉妬のせいでカインは取り返しのつかないことをしてしまいました。

でもなぜ神さまは弟のささげものだけを喜ばれたのでしょう？　弟のほうをより愛していたから、ではないでしょう。

仕事、勉強、恋愛……。考えてみると、どれも同じ時に同じ実りを得るわけではありません。人生にはすべてに時があって、神さまはそれぞれにいちばんふさわしい時に、いちばんふさわしいものを与えてくださいます。

カインと弟の場合も、たまたま弟が先だっただけで、次はカインが神さまに喜ばれたのかもしれません。いずれにしても神さまはカインも弟も愛していたことでしょう。

さらに大事なことは、醜い嫉妬に駆られ、神さまを疑い、弟に対してひどいことを

カイン

Cain

したカインを、神さまはなお愛してくださっているということです。

もちろんカインは弟を殺した罪から逃れることはできません。殺人者として追放され、放浪生活を余儀なくされます。カインは罪人の自分は神さまから見捨てられ、すぐに死んでしまうだろうとおびえます。しかし神さまはもしカインを傷つける者があれば絶対に赦《ゆる》さないと約束され、カインを守る特別なしるしを彼につけたのです。

カインのしるし、もしかすると嫉妬深いわたしたちにもつけられているかもしれませんね。えっ、そんなしるしないって？　そうはいっても自分のおなかや頭の中を見たことはないでしょう？　気づいていないだけで、実は神さまの愛のしるしが、すでにしっかりつけられているのではないでしょうか。

デボラ

Deborah

隊商は絶え　旅する者は脇道を行き　村々は絶えた。
イスラエルにこれらは絶えた。
わたしデボラはついに立ち上がった。
イスラエルの母なるわたしは　ついに立ち上がった。

（士師記5章6―7節）

イエスさまが生まれるずっと昔、古代イスラエルにも日本の戦国時代のような時期があったって知ってますか？　紀元前一〇〇〇年ころ、ダビデ王が、日本的にいうなら天下統一を成し遂げるさらに前の話です。この時代にはイスラエル人とカナン人の勢力争いが続き、士師とよばれる個性豊かな一二人のリーダーが活躍しました。

士師の中でも目立つのがデボラという女性です。戦国時代といっても、士師が武将とは限りません。デボラは神さまの言葉を預かり、人々に伝える預言者でした。この

Deborah

デボラ

Deborah

ころ、デボラたちイスラエル人は、鉄の戦車九〇〇両という圧倒的な武力を持つカナン人に二〇年間も支配され、苦しめられていました。我慢しかねる状況に、ついにデボラは決心し、ある男性に出陣を促しました。

面白いのはこの男性バラクが、「あなたが来てくれないなら、わたしは行きません」となんだか弱気なことです。デボラは彼を励まし一緒に出陣することを約束しますが、その一方で「神さまはあなたではなく、女の手に敵の将軍を売り渡される」と預言しました。

デボラたちは鉄の戦車を持つカナン人たちを圧倒します。ついに敵の将軍は逃げ出し、ヤエルという女性のテントへ逃げ込みました。

するとヤエルは機転を利かせて将軍にミルクを飲ませ布をかけてもてなし、将軍が油断して熟睡すると殺害したのです。

古代イスラエルは男性中心の社会で、今の感覚からするとかなり女性差別的なこともありました。そうした中でデボラのように神さまの言葉をしっかり聞くことができ、指導力があって男性からも尊敬される格好のいい女性がいたのはとても嬉しいことです。しかも、男性が束になってもかなわなかった屈強な将軍をヤエルというたった一人の女性が、知恵を働かせ討ち取ったのも考えさせられることです。

正直言って聖書の中の戦いや残酷な話は嫌いです。でもデボラの物語は人々が苦しめられ、子どもたちの未来が危ぶまれる時にあって、そんな社会のありようを変えるため、女性が大きな役割を果たせることを教えてくれます。それどころかデボラの預言を通して、神さまは「女性にしかできないことがある」と示し、女性が賢く勇敢に活躍することを応援してくださっているのではないでしょうか。

エバ

Eve

アダムは女をエバ（命）と名付けた。
彼女がすべて命あるものの母となったからである。（創世記3章20節）

突然ですが、同じ女性としてぜひとも弁護したい人がいます。「アダムとエバ」のエバ。人類最初の女性です。

神さまに禁じられていた「知識の実」を食べたことに関して、「アダムはだまされませんでしたが、女はだまされて、罪を犯してしまいました」（テモテへの手紙一 2章14節）などと、なぜエバだけが悪くいわれるのでしょう？「食べた」ということに関しては、アダムもエバも全く同罪です。

その上「婦人が教えたり、男の上に立ったりするのを、わたしは許しません。むし

Eve

エバ

Eve

ろ、静かにしているべきです。なぜならば、アダムが最初に造られ、それからエバが造られたからです」（同12―13節）などとあれば、これをしるしたのが有名な使徒パウロで、その時のやむを得ない事情があるのだとはいえ、「本当にそうか、一緒に創世記を読んでみましょう」と言わずにはいられません。

アダムは、つくられた時点では男とも女ともしるされていません。神さまがアダムのあばら骨を抜き取り、女性のエバが誕生した時点で、アダムは男性になります。どちらが先ともいえないのです。それなのに「アダムの骨からエバができたのだから、男が偉い」なんて言う男性がいたら、「そんなことしか言えないなんて、だから男は骨が一本足りないのよ」と言い返したくもなります。

でも、こんな不毛で低レベルな争いは悲しいですね。美しい二人の出会いの物語が台無しです。「人が独りでいるのは良くない」と神さまはおっしゃいました。アダムのもとにエバを連れて来ると、アダムは「ついに、これこそ　わたしの骨の骨　わたしの肉の肉」と大喜びしました。ようやく仲良く対等な立場で助け合える特別な相手と出会ったからです。人が一人しかいない世界でアダムがパートナーとめぐり合うには、神さまの助けが必要でした。

一方で現在、地球の人口は七〇億人を突破しました。こんなにも大勢の人がいる中で、特別な誰かに出会うことも奇跡的です。何しろ七〇億人ですから、出会いといってもアダムとエバの時よりもだいぶ複雑です。特別な誰かとの関係は、必ずしも夫婦という形を取らないかもしれません。それでもその人に向かい合うことで、自分自身の持ち味がさらに発見され発揮されるような出会いは、やはり神さまが与えてくれたかけがえのない出会いでしょう。

エバという名の意味は命。わたしたちはそれぞれのさまざまな違いから、お互いに奪い合いおとしめ合うのではなく、お互いに補い合い高め合い、広い意味で新しい命を生み出すようなパートナーとの関係を大切にしたいと思います。

火

Fire

彼が見ると、見よ、柴は火に燃えているのに、柴は燃え尽きない。モーセは言った。「道をそれて、この不思議な光景を見届けよう。どうしてあの柴は燃え尽きないのだろう。」（出エジプト記3章2―3節）

どうも最近無気力で、やる気が起きません。たまに「これではいかん」と自らを奮い立たせ、新たなことに取り組んだりもするのですが、三日坊主にさえならないありさま……。情熱を燃やして生きたいのだけれど、あっという間に燃え尽きてしまい、呆然と過ごしています。

モーセはエジプトで奴隷となっていたイスラエルの人々を、四〇年かけて乳と蜜が流れるといわれる素晴らしい約束の地に導きました。四〇年ですよ！　三日すら続か

Fire

火

Fire

ないわたしにとっては、信じられないほどの持久力です。どうしてモーセは荒れ野をさまよう大変な旅を、挫折することなく続けられたのでしょう？

モーセが旅を始めるきっかけとなった出来事があります。山で不思議な光景を見たのです。いつものように羊の群れを追っていると、柴が燃えていました。確かに木はよく燃えますけど、いつかは燃え尽きます。ところがモーセが見た柴は、いくら燃えても火が消えることがありませんでした。

どういうことでしょう？　実はこの不思議な火を燃やしていたのは神さまでした。神さまは怪訝《けげん》な顔のモーセに、苦しんでいる仲間たちを救うためのリーダーとなるよう命じました。思いがけない命令にモーセは「自分には無理」とさんざん神さまに抵抗します。しかし神さまは「わたしは必ずあなたと共にいる」と語り、必要な助けを与えることを約束されました。

このようにして始まったモーセと仲間たちの旅は、はじめから困難続きでした。でもモーセは決して諦めません。なぜなら神さまが本当にいつもモーセたちと一緒にいて、助けてくださったからです。特に暗く心細い夜には、「火」の柱でモーセたちの

火

Fire

歩む先を照らしてくれました。

いいなあ、モーセ。わたしも燃え尽きない柴や火の柱が欲しいです。って、よく考えたらすでにちゃんと与えられていました！　モーセの時代から約一二五〇年ほどたって救い主イエスさまが生まれ、やがてイエスさまを信じる人々に聖霊が与えられたのでした！

聖霊とは、火に例えられる神さまの愛の働きかけです。神さまは今もわたしたちと共にいて、いつも導いてくださっています。情熱を持って歩み続けるためには、燃え尽きることのない神さまの火が与えられていることをしっかり覚えとかなくちゃです。

ゴリアト

Goliath

ゴリアトは立ちはだかり、イスラエルの戦列に向かって呼ばわった。
（サムエル記上17章8節）

人は見た目で大半が決まると聞くと、やっぱりという思いと、そうであってほしくないという思いが入り乱れ、複雑な気持ちになります。とはいえ、目に見えるものを当てにしすぎると思いがけない落とし穴にはまることがあるのは確かです。

ペリシテ人の戦士でゴリアトという人がいました。身長は何と約三メートル、青銅の鎧《よろい》の重さは約六〇キロ、槍《やり》は穂先だけで約七キロです！　巨人ゴリアトが目の前に立ちはだかれば、誰もがその見た目に圧倒されて戦意を失ってしまいました。

Goliath

ゴリアト

Goliath

ゴリアトは自分でもそのことをよく知っていたのでしょう。ペリシテ軍とイスラエル軍は谷を挟んでにらみ合っていましたが、ゴリアトは前に進み出てイスラエル軍を挑発します。「一人を選んで、わたしの方へ下りて来させよ。その者にわたしと戦う力があって、もしわたしを討ち取るようなことがあれば、我々はお前たちの奴隷となろう」。

両軍の勝ち負けを一騎打ちで決めるとは、よほどの自信がないと言えないことです。ゴリアトは四〇日間にわたり挑発しつづけましたが、イスラエルの人々はゴリアトの傲慢さに腹を立てるどころか、ただその恐ろしい様子に震えあがり手も足も出せずにいました。

そこに、ダビデという羊飼いの少年が兄たちに会おうとやってきました。ダビデは体もまだ小さく、まったく強そうには見えません。でも自分が戦ってみようと名乗りをあげました。王は心配して自分の鎧兜《よろいかぶと》と剣を貸し与えましたが、ダビデには重すぎて歩くこともできません。ダビデはそれを脱ぎ、いつもの羊飼いの杖《つえ》と石投げひも、五個の石だけを持ちました。

ゴリアト

Goliath

完全武装の巨人ゴリアトと無防備な少年ダビデ、対照的な一騎打ちとなりました。ゴリアトは血色がよく可愛《かわい》らしい少年ダビデを見て、自分の相手ではないと完全にバカにします。しかしダビデが冷静に石投げひもで石を投げると、石はゴリアトの額に食い込み、たったの一撃で巨人は地面に倒されました。

ダビデはその見た目とは裏腹に心は誰よりも勇敢でした。なぜでしょう？　きっとダビデは目に見えるものではなく、目に見えない神さまに信頼する心が誰よりも大きかったからでしょう。実はダビデは容姿や背の高さではなく、その心の素晴らしさゆえに、この時すでに神さまから将来の王として選ばれていたのですよ！　ゴリアトのように目に見えるものばかりを頼りがちなわたしたちには考えさせられる話です。

ハンナ

Hannah

ハンナは身ごもり、月が満ちて男の子を産んだ。主に願って得た子供なので、その名をサムエル（その名は神）と名付けた。

（サムエル記上1章20節）

出産は人生の一大事です。それによって人生設計もだいぶ変わってきます。でも、こればっかりは思ったとおりになるとは限りません。どんなに科学や医学が進んでも、誕生と死、つまり命のことは最終的には神さまの領域です。

ハンナは心の底から願っているのに、なかなか子どもに恵まれませんでした。夫はふさぎこむ彼女を責めたりせず「このわたしは、あなたにとって十人の息子にもまさるではないか」と優しく慰めます。とても愛されていたのですね。そんな夫がいれば

Hannah

ハンナ

Hannah

それで十分ではと思いますが、ハンナはそうは感じませんでした。むしろ「誰もわたしの苦しみを分かってくれない」と、悩みは深まるばかりでした。

ハンナがそこまで苦しむのにはわけがありました。この時代、子どもを与えられることが、神さまから愛され祝福されているしると考えられていました。また一夫多妻が認められており、夫にはハンナの他に、もう一人妻がいました。そしてその女性には子どもがたくさんいたのです。

年に一度、この大家族はそろって神さまにささげものをするため神殿に行きました。ハンナにとっては「針のむしろ」です。もう一人の妻はハンナをライバル視しており、ここぞとばかりに意地悪な態度をとりました。それはただでさえ悩んでいるハンナを、不妊は神さまから嫌われ見放されているからだと、絶望させ追いつめるような仕打ちでした。

ハンナは食事ものどをとおらず、ただ泣くばかりでした。そして神殿に行くと、涙をボロボロこぼしながら一人で長い時間祈りました。神殿の祭司は、彼女があまり長い時間いるので、てっきり酔っ払っているのだと思ったほどでした。ハンナは苦しみながら、それでも神さまが自分を見捨てず、すべての訴えたいこと、心からの祈りを聞いてくださる方だと信じたのです。

果たしてその後、ハンナはどうなったのでしょうか？　ハンナはサムエルという可愛らしい男の子の母となりました！　彼女は神さまに深く感謝して、その子を神殿へと連れて行きました。

どんな時も神さまはわたしたちを見捨てず、苦しみを聞いてくださいます。もちろんあなたの苦しみも！　新しい命の希望を与えてくださる神さまへの信頼と感謝を忘れないわたしたちでありたいですね。

ハンナ

Hannah

イシュマエル

Ishmael

イシュマエルについての願いも聞き入れよう。必ず、わたしは彼を祝福し、大いに子供を増やし繁栄させる。彼は十二人の首長の父となろう。わたしは彼を大いなる国民とする。（創世記17章20節）

「宗教は嫌い」とか「怖い」って意見をよく聞きます。理由をたずねると、かなりの確率で「戦争の原因だから」という答えが返ってきます。確かにキリスト教対イスラム教、ユダヤ教対イスラム教と見える争いは多くあります。でも本当に両者は相いれないものなのでしょうか？

「まえがき」にしるしたとおり、ユダヤ教、キリスト教、イスラム教は兄弟関係にある宗教です。どの宗教も共通してアブラハムという人をそれぞれの信仰のルーツとして大切にしています。

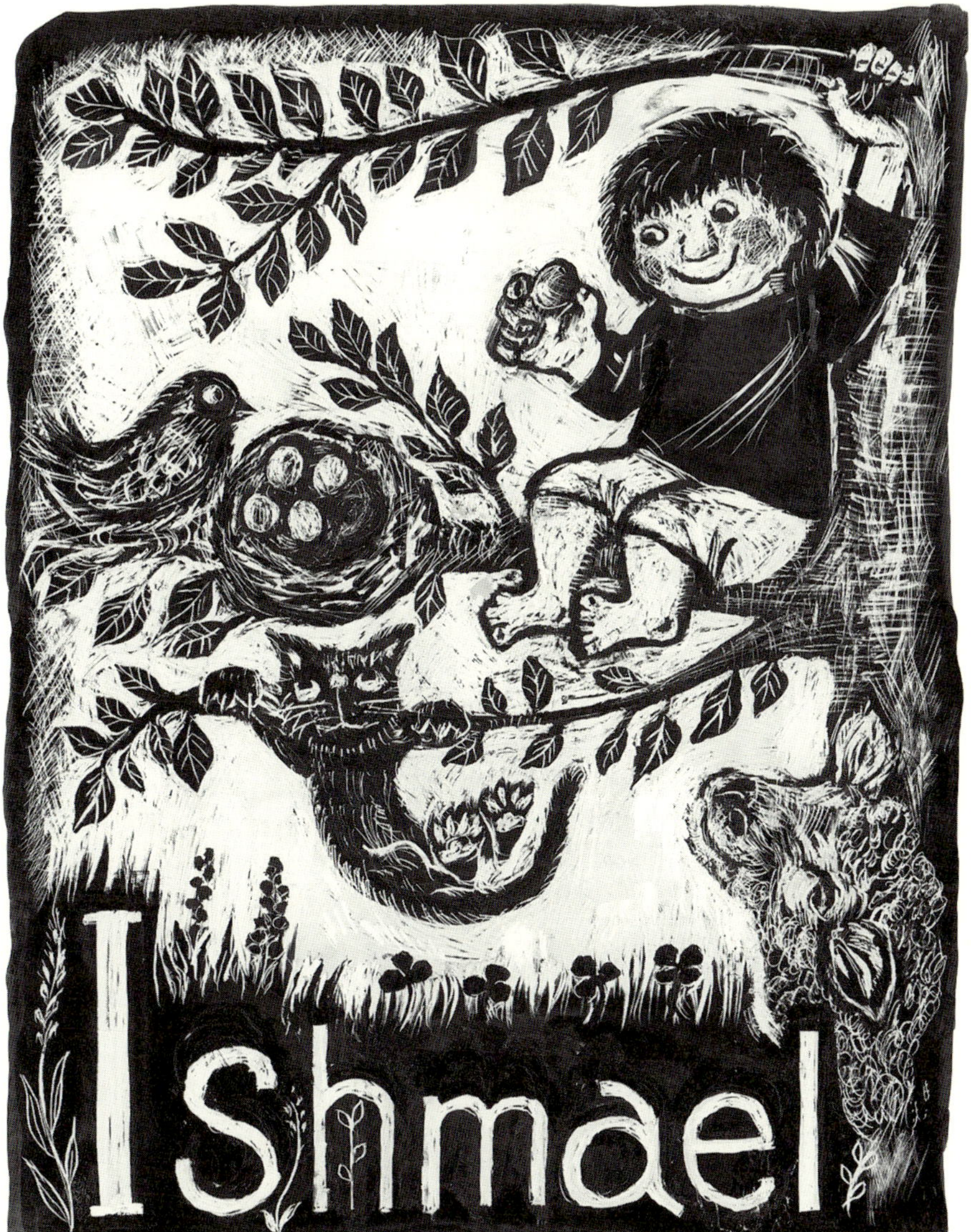
IShmael

イシュマエル

Ishmael

ちなみにムハンマドにイスラム教の聖典クルアーンの内容を教えた天使はジブリール。ヘブライ語でいえばガブリエル。そう。マリアにイエス・キリストの誕生を伝えたのと同じ天使です！

さて、アブラハムにはイシュマエルとイサクという二人の息子がいました。イシュマエルの母はハガル。イサクの母はサラ。二人は異母兄弟です。

サラはアブラハムの妻でしたが、なかなか子どもに恵まれず、自分の女奴隷ハガルにイシュマエルを産んでもらいました。しかし、後になりサラにもイサクが生まれます。

するとあろうことか、それまで跡取りとして大切にされていたイシュマエルは、突然にハガルと共に家を追い出されてしまったのです。幼いイシュマエルとハガルは荒れ野をさまよいました。やがて水も食べ物もつきました。ハガルは息子がこんなふうに死んでいくのを見るのは忍びないと泣き、イシュマエルも声をあげ泣きました。

神さまはそんな二人を見捨てることはありませんでした。それどころか天使を送り、

イシュマエル

Ishmael

こう語らせました。「わたしは、必ずあの子を大きな国民とする」。

そうです！　このイシュマエルこそアラブ人の祖となる人物で、やがてアラブ人の間でイスラム教が成立します。一方で異母弟のイサクはユダヤ人の祖となり、やがてユダヤ教、さらにはキリスト教が成立します。

イシュマエルの話は神さまの祝福や守りが、ある特定の人や民族にだけ与えられるのではないことを教えてくれています。そして神さまが弱者や敗者と見える人々を決して見捨てないことも！

アブラハムが亡くなった時、イシュマエルはイサクと一緒に父を葬りました（創世記25章9節）。


神さまはすべての人を愛し、祝福してくださっています。過去の出来事や立場の違いを乗り越え、互いに敬意を払い、助け合う姿勢を大切にしたいですね。

ヨナ

Jonah

さて、主は巨大な魚に命じて、ヨナを呑み込ませられた。ヨナは三日三晩魚の腹の中にいた。（ヨナ書2章1節）

「死んだほうがまし」なんて、つい口にすることはありませんか？　でも、そんなあなたもいざ深刻な命の危機に直面すれば、「神さま助けて！　まだ死にたくない！」って叫ぶのではないでしょうか。「死にたい」が口癖の人は本当はちゃんと生きたいだけなのかもしれません。だけど思うようにならないから自信を失くしたり、誰かに腹を立てたり……。

ヨナの口癖も「死にたい」「死ぬほうがまし」でした。ヨナは神さまの言葉を預か

Jonah

ヨナ

Jonah

り人々に伝える預言者ですから、さぞ立派かと思いきや、そうでもありません。

ある時、神さまはヨナにニネベで「この都は滅びる」と伝えるよう命じました。ニネベは大国アッシリアの大都市です。

ヨナはそんな大変な仕事は自分には絶対無理、神さまの命令とはいえお断りだと、逆の方向へ逃げ出します。ところが神さまが激しい嵐をおこされたので、ヨナの乗った船は沈没しそうになりました。たまたま同乗していた人はたまったものではありません。当のヨナはグーグー寝ているのんきぶりでしたが、やがて嵐はヨナのせいとばれ、彼は海に投げ込まれてしまいました。

神さまに背いたヨナは溺れて死んでしまったのでしょうか？　そうではありません。ヨナが思わず「神さま、助けてください！」と叫ぶと、巨大な魚が現れてヨナをパクリと呑み込んだのです。ヨナが恐る恐る目をあけると、そこは不思議な場所でした。ヨナは神さまの助けに心から感謝しながら、三日三晩、魚のおなかの中でこれまでの自分を反省して過ごしました。

陸地に吐き出されたヨナは、ニネベに向かいました。そこでもまた思いがけないことが起こります。

ニネベの人々はヨナの言葉を聞くとたちまち神さまを信じ、王さまもひつじも救いを求めて祈り始めました。神さまはその様子を喜び、ニネベを滅ぼしませんでした。滅ぼすことではなく、正しいほうへ導き救うことが目的だったのです。

しかしヨナはこのハッピーエンドに納得せず、「死んだほうがまし」とまたつぶやきました。ヨナは神さまに背いていた人々を神さまが心広く赦《ゆる》されたことが面白くなかったのです。自分が赦してもらった時には大喜びしたのに勝手ですね。でも神さまはそんなヨナを叱ったりせず、「どの人も大切だ」と優しく諭しました。

つぶやきの少ない人生を送るために、どんなわたしたちであっても神さまに愛され良い方向へと導かれていることを、しっかり覚えておきましょう。

王

King

あなたの祭壇に、鳥は住みかを作り
つばめは巣をかけて、雛を置いています。
万軍の主、わたしの王、わたしの神よ。
いかに幸いなことでしょう
あなたの家に住むことができるなら
まして、あなたを賛美することができるなら。（詩編84編4―5節）

大統領、総理、社長、代表などなど、王さまという呼び名でないにしろ、どの国にも組織にもそのような役割の人がいます。この人たちはとても大切な人たちです。なぜならその考え方や働きによってその国や組織が、みんなが自然と集まる素敵な所にも、逃げ出したいようなひどい所にもなるからです。

えっ、そんなに責任重大ならば、王さまや長になんてならなくたっていいって？　そうかもしれませんね。でもいつかあなたも、思いがけず大きな責任を任されるかも

King

しれません。その日のために覚えておいてほしいことがあります。それはどの国でもグループでも、本当の王さまはあなたではなく、神さまだということです。このことさえ忘れずにいれば、あなたは立派に役割を果たすことができ、周囲の人々はみんなあなたと共に歩むことを喜ぶことでしょう。

どんなに優れた人でも、全知全能の神さまの前にはちっぽけな存在です。この世には人間の力ではどうにもならないことがたくさんあります。たとえば人の生死などはその最たるものです。

わたしたちが弱り、迷う日に、本当に頼りになる王、神さまを知っていることが大切です。なぜならば神さまのもとでは他では得られない安らぎや慰め、導きや力を得ることができるからです。

王

King

王である神さまは、決して恐ろしい方ではありません。どんなに小さな存在にも優しく目を注いでおられます。神さまのもとでは小さな鳥やツバメも安心して巣を作り、雛《ひな》を育てることができます。ツバメにそそがれている神さまの愛や守りは、言うまでもなくわたしたちにも注がれています。

王

King

愛を知らない人は愛することができないといいますが、それは愛に限りません。知らないことを実行するのは難しいことです。神さまの愛や守りを日々感じ、そのことに生かされ学び、喜びたたえましょう。そうすれば、わたしたちもまたそれぞれの与えられた場をお互いの配慮と笑顔に満ちた誰もがあこがれるような素敵な場所に変えていけるでしょう。

神さまが責任ある真の王として、必ずわたしたちに良いようにはからってくださいます。それを信じゆだねて、その上でわたしたちに与えられた役割を、希望をもって果たしていけたらいいですね！

獅子

Lion

狼は小羊と共に宿り　豹は子山羊と共に伏す。
子牛は若獅子と共に育ち　小さい子供がそれらを導く。
牛も熊も共に草をはみ　その子らは共に伏し
獅子も牛もひとしく干し草を食らう。（イザヤ書11章6―7節）

思わず「強くなりたい」ってつぶやくことはないですか？　あなたはどんな時にどんな強さを求めるのでしょう。

獅子王《ししおう》とは百獣の王であるライオンを指す言葉です。獅子＝食べる側、他の動物＝食べられる側ということで、獅子が動物の中で一番力が強いことを表します。でもこうした強さを持つことは、いろいろな動物がいても餌でしかなく、心の触れ合いもないのですから、王とたたえられてもとても孤独かもしれません。

わたし自身は、出会う人と本当に親しくなるための強さを持ちたいと願うことが多

Lion

いです。求めているのは弱肉強食的な力の強さではありません。たしかに誰かと仲良くしたいと思うと、自分を実際以上に素敵に見せようと変な力が入りがちです。でもたいていの場合、それは逆効果のようです。ライオンが大きな唸《うな》り声をあげればあげるほど、周囲の動物は逃げていくでしょう。それと同じです。たとえ逃げなくても、いつ食べられるかとおびえ、心を閉ざした相手とはとても友達にはなれません。

ですから目指すのはまずはカッコ悪さも含め、ありのままの自分を受け入れるための心の強さです。さらにはありのままの相手を受け入れるための心の強さです。

聖書には、究極の平和が実現したさまが象徴的に描かれています。そこではなんと獅子と牛が仲良く一緒に育ち、そろって草をはみます。力の弱い草食動物が肉食動物になるのではなく、強い肉食動物が草食動物になることで仲良く過ごしています。

「こうしてほしい、ああしてほしい」と相手に求めてしまいがちなわたしたちですけれど、分かり合うにはまず自分からです。

相手を変えることはできなくても、自分を変えることは今すぐはじめられます。こ

獅子

Lion

れは自分を偽り、表面的に相手に合わせることではありません。誰かと親しくなりたいと思っている自分を素直に認め、笑顔で挨拶をしてほしいなら、まず思い切って自分から笑顔で挨拶してみるようなことです。

聖書の獅子のように、食べなれない草をあえて食べてみる強さ、一度くらいうまくいかなくても、諦めずに相手に寄り添っていこうとする強さを目指したいのです。聖書的な獅子王にあこがれます。

ミリアム

Miriam

女預言者ミリアムが小太鼓を手に取ると、他の女たちも小太鼓を手に持ち、踊りながら彼女の後に続いた。ミリアムは彼らの音頭を取って歌った。（出エジプト記15章20―21節）

「出エジプト記」は、その名が示すとおり、エジプトで奴隷となっていたイスラエルの民がそこを脱出する物語です。苦しむ人々を救うために神さまが選んだ偉大なリーダーがモーセでした。

でも、でもなのです。この壮大な脱出劇はモーセの姉ミリアムなしにはありえませんでした。なぜって？　ミリアムがいなければ、モーセは赤ちゃんのころに死んでしまっていたでしょうから。

モーセは生後三か月の時にパピルスのかごに入れられ、ナイル川の岸に捨てられま

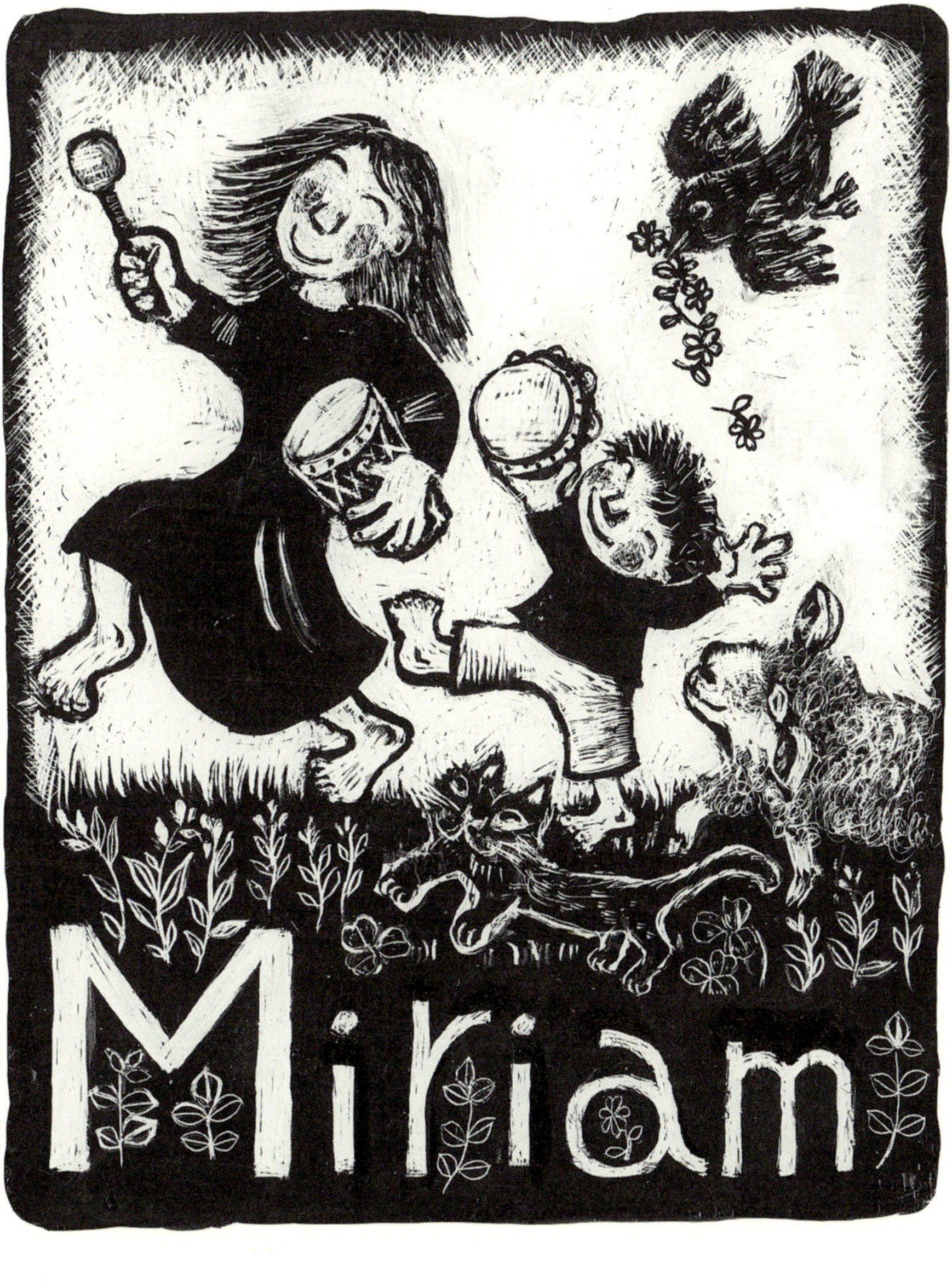
Miriam

ミリアム

Miriam

した。イスラエル人が増えることを恐れたエジプト王が、生まれたイスラエル人の男の子はみんな川に投げ込むようにと命じていたためです。

ミリアムは母が岸辺を立ち去った後も諦めず、遠くからモーセの入ったかごをずっと見張っていました。すると、王の娘が水浴びに来て、泣いていたモーセを見つけました。ミリアムはすかさず王女の前に飛び出していき「乳を飲ませる乳母を呼んで参りましょうか」と言いました。そして自分たちの母を乳母として連れてきたのです。

神さまへの信頼に裏打ちされたミリアムの希望、根気強さ、勇気、機転により、モーセは生き延びました。しかも驚いたことに、王女の子として安全に、かつ実の母によって育てられたのです！

こんなに重大な活躍をしたミリアムですが、この場面ではモーセの姉というだけで、聖書には名前がしるされていません。男性のモーセを中心にしるされた物語では、彼女のことは忘れられがちです。しかし実際には、モーセが出エジプトの指導者となってからもミリアムは活躍を続けます。

たとえば脱出した人々をエジプトの軍隊が追いかけてきた時、目の前は海で絶体絶

ミリアム

Miriam

命の場面でしたが、モーセが手をあげると海が左右に分かれ、道ができました。そしてみんなが渡りおわると、海は元にもどり、追っ手は水に呑まれてしまいます。

この奇跡的な出来事の後、ミリアムは真っ先に小太鼓を手に取り、神さまを賛美しました。すると他の女性たちも恐怖と緊張から解き放たれ、ミリアムに続いて心から喜んで歌い踊ったのです。

モーセの姉が「女預言者ミリアム」であると、初めてはっきりとしるされているのはこの場面です。

預言者とは神さまの言葉を預かり、みんなに伝える役割の人ですから、実はモーセだけでなくミリアムもまた仲間たちに信頼された精神的指導者だったのです。

ノア

Noah

再び地上にノアの洪水を起こすことはないと　あのとき誓い
今またわたしは誓う
再びあなたを怒り、責めることはない、と。（イザヤ書54章9節）

ノアといえば、「ノアの箱舟」の物語（創世記6－8章）でよく知られています。昔々、神さまは人間たちがあまりにも自分勝手で悪いことばかり考えているので、人間をつくられたことを後悔し、大洪水をおこして地上のすべてのものを滅ぼそうとされたといいます。とても恐ろしい話です。

でもこの時、悪に満ちた世界の中でもノアだけは自分のことばかり考えるのではなく、神さまに従って歩んでいたので、神さまはノアに箱舟をつくらせ、彼とその家族、すべての動物や鳥をつがいでのせ、新しい世界を彼に託すことにしました。

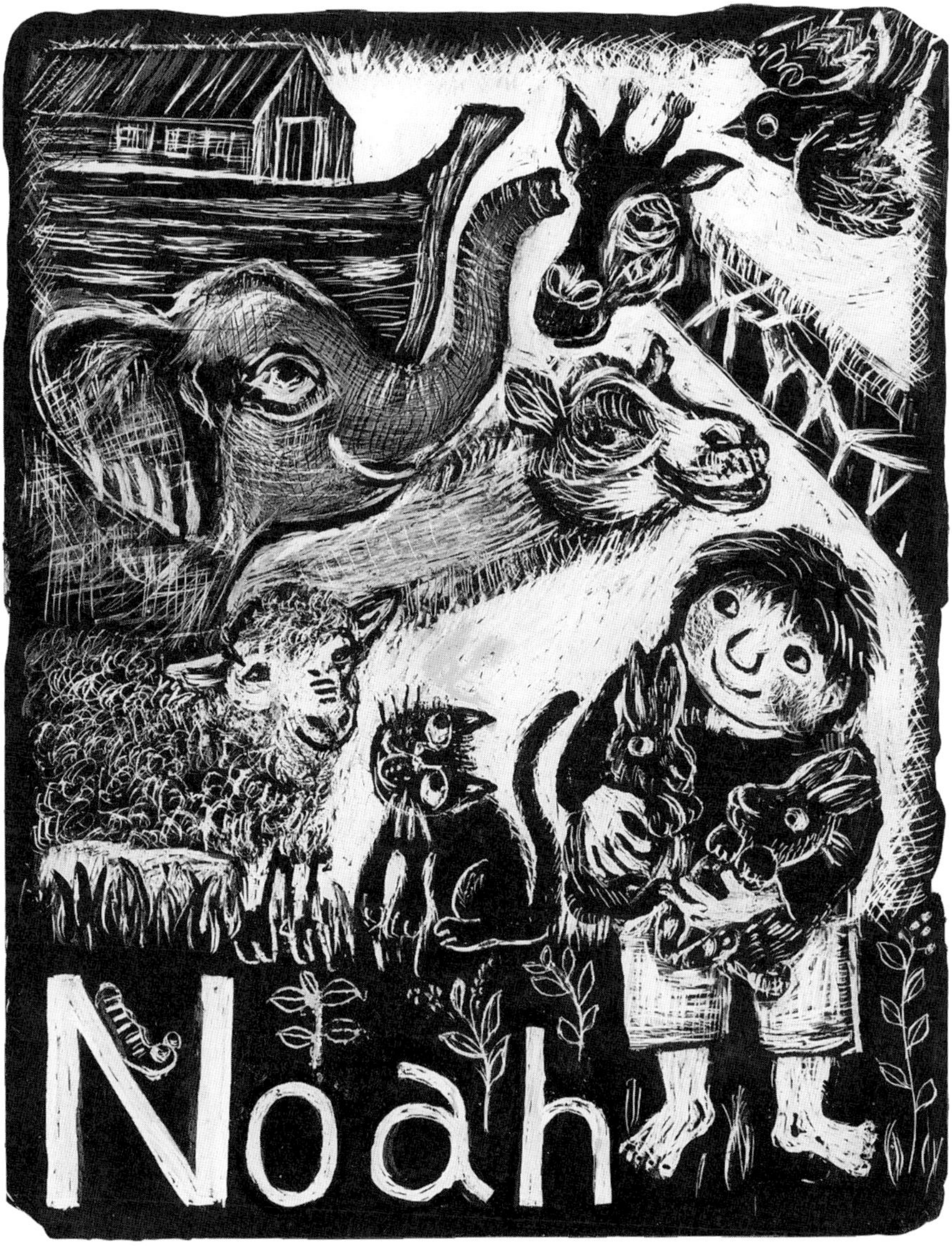
Noah

ノア

Noah

世界でたった一人神さまの御心にかなったのですから、ノアはどれほど立派な人物かと思うでしょう？　でもノアは、意外に人間くさいというか、欠点もある普通の人だったようです。洪水後の話ですが、ノアはぶどう酒を飲んで泥酔し、素っ裸になって寝ていたといいますよ……。

この話から分かることはなんでしょう？　それは、神さまはわたしたちの悪いところばかりを見て、すぐに滅ぼそうとする方ではないということです。そうではなくて、わずかにでも存在するわたしたちの美しいところ、良いところを何とか見つけ、それを信じ期待して、未来の世界を託してくださるということではないでしょうか。

それどころか、神さまは生き延びたノアと生き物たちに「二度と洪水によって肉なるものがことごとく滅ぼされることはなく、洪水が起こって地を滅ぼすことも決してない」（創世記9章11節）と約束しています。そして約束のしるしとして虹を置き、神さまご自身が虹を見るたびに「二度と滅ぼさない」との約束を何度でも思い起こすとまで言ってくださっています。

これはすごいことです。もし仮にわたしたちの世界に一人のノア（御心にかなう人）

も存在せず、まったく良いところがなくなってしまっても、神さまは世界を滅ぼすようなことは絶対にせず、なおわたしたちを信じ期待し、忍耐強く守り導いてくださるということだからです。

酔っ払ったノア以上に、思い出したくない大失敗や、悔やんでも悔やみきれない記憶のあるわたしたちです。けれどもわたしたちも虹を見るたびに、神さまが諦めずに見守っておられることを何度でも思い起こし、そのことに励まされて、素晴らしい未来をゆだねられた一人として顔をあげ歩みましょう！

オリオン

Orion

すばるの鎖を引き締め
オリオンの綱を緩めることがお前にできるか。
時がくれば銀河を繰り出し
大熊を子熊と共に導き出すことができるか。
天の法則を知り
その支配を地上に及ぼす者はお前か。（ヨブ記38章31―33節）

そういえば最近、星を見ていなかったなと思います。日々の慌ただしさに追われ、夜空のことなど後回しになっていました。いつか見た空いっぱいの天の川。「星が降る夜」というのがぴったりの流星群。北の空には大熊座と小熊座。南の空には夏はサソリ座、冬はすばるやオリオン座。星の静かで美しい輝きを思い出すだけで、なんだか心が落ち着いていくようです。

ところでオリオン座とサソリ座が決して同じ空で輝くことがないのは、ギリシア神

Orion

オリオン

Orion

話のいいつたえではオリオンがサソリを怖がっているからだそうです。オリオンは背が高くてハンサムな狩りの名人でした。「どんな大きく獰猛《どうもう》な動物でも仕留められないものはない」と自信満々だったのに、小さなサソリに刺されてあっけなく死んでしまいます。その後、両者は空の星になりました。

このオリオンをはじめとする星々は聖書のヨブ記の中にも出てきます。

ヨブは神さまを信じる正しい人でしたが、とんでもない不幸に見舞われます。立て続けに家族や財産をすべて失い、ひどい病気にかかります。

その上、苦しい時にこそ味方でいてほしい友人たちまでが、「神さまに背き、なにか悪いことをしたからこういうことになるのだ」とヨブを非難しだしたのです。

ヨブは、なぜ自分がこんなひどい目に遭わなくてはならないのかと苦しみます。

しかし長くつらい苦しみの末、ついにヨブは神さまが天地のつくり主として人間には計り知れない圧倒的な力を持ちつつ、なおこの世界の隅々にまで心を配り、空の星をふさわしく輝かせ、自然界のさまざまな生き物を養っていることを悟ります。苦し

オリオン

Orion

むヨブもまた、なお神さまの大きな配慮といつくしみの内にあることを知ったのです。

どんなにまじめに生きていても、精一杯努力しても、わたしたちの人生にはサソリに刺されたオリオンのようにすべてが一瞬で崩れ去り、思わず「神さまあんまりです！」「どうしてですか？」と嘆きたくなることがおこります。それは本当に理解も説明もできない、つらく苦しいことです。

しかしそうした苦しみの中でこそ、夜空を見上げて、神さまはオリオンとサソリを一緒の空におかなかったこと、わたしたちをいつまでも暗闇におかず、明るい朝の光を必ずもたらしてくださることを何度でも確認しましょう。

ファラオ

Pharaoh

ヨセフの方を向いてファラオは言った。
「神がそういうことをみな示されたからには、お前ほど聡明で知恵のある者は、ほかにはいないであろう。お前をわが宮廷の責任者とする。……」（創世記41章39—40節）

あなたはどんな夢をみますか？　わたしはといえば、怖い夢でハッと目覚めることも、幸せな夢でニヤニヤと目覚めることもあります……。

昔、あるファラオがとても不思議な夢をみました。ファラオとはエジプトの王さまのことです。彼は痩せた七頭の牛が太った七頭の牛を食い尽くす夢をみて目が覚め、もう一度眠ると、今度は実の入らない七つの穂が実の入った七つの穂をのみ込む夢をみたのです。

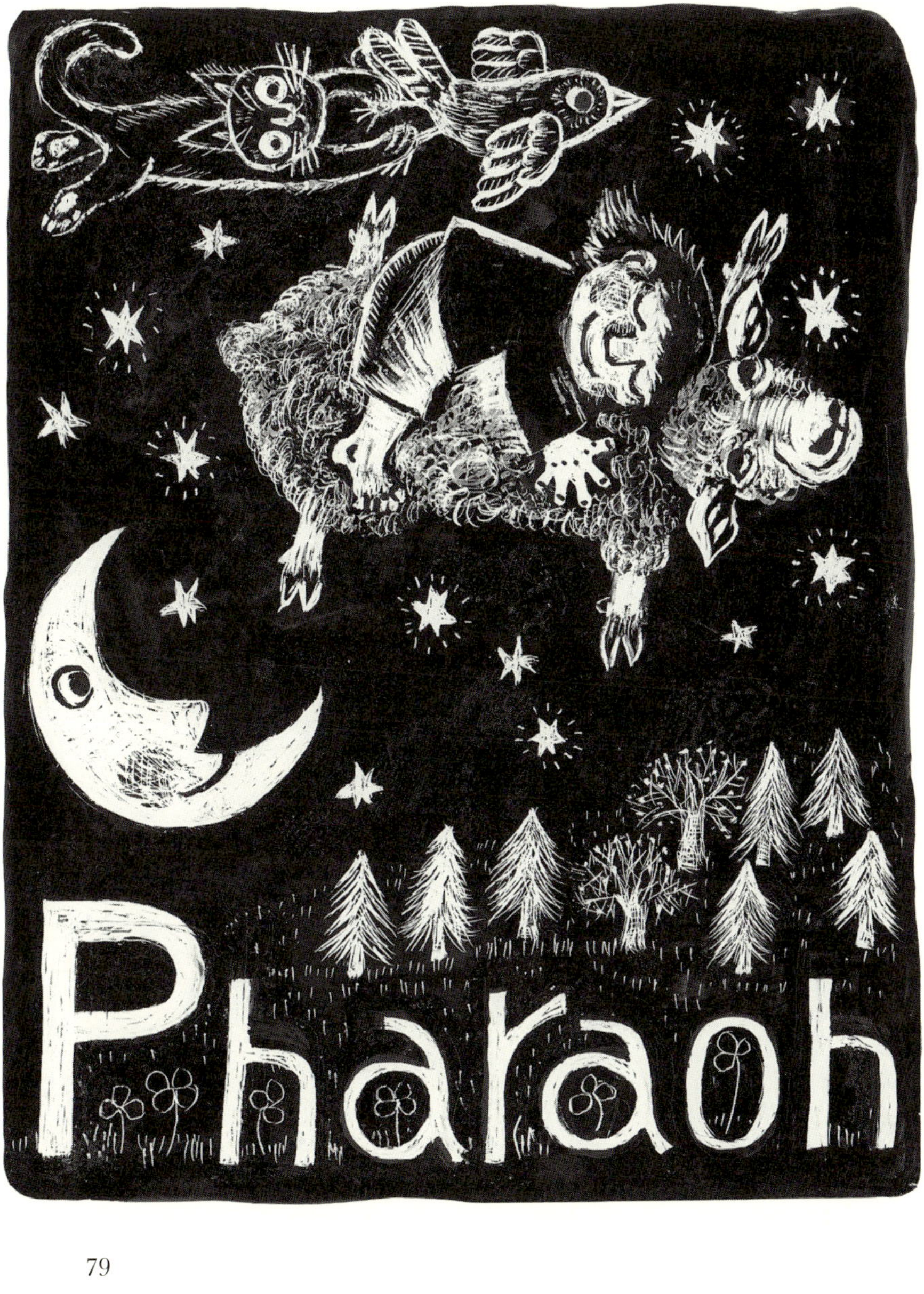
Pharaoh

ファラオ

Pharaoh

目が覚めるとどんな夢だったか忘れてしまうこともよくありますよね。ところがこの夢はとてもはっきりしていたので、ファラオは落ち着かない気持ちになり、なんとか夢の意味を知りたいと思いました。でも、誰もこの夢を説明できません。

やがてファラオは囚人のヨセフが夢を解き明かせると聞き、早速に彼を呼び出しました。するとヨセフは、王のみた夢は神さまからのメッセージで、七年間の大豊作がつづいた後、七年間のひどい飢饉がつづくことを示していると説明し、豊作の間になるべく食糧を蓄えて飢饉に備えるよう助言したのです。

すらすらと夢を解説したヨセフもすごいですが、夢の意味を知ったファラオの行動も大胆でした。長いこと牢《ろう》に捕らわれていたヨセフを心から信用し、すぐに彼をファラオに次ぐ宮廷の責任者に取り立てて、将来の飢饉に備えさせたのです。ちなみに、ヨセフは無実の罪で捕らわれていたのでした。

果たして結果はどうだったでしょうか？　ヨセフの語ったとおり大豊作の後に周辺の国々にまで及ぶ大飢饉がやってきました。しかし、エジプトには十分な食糧の貯え

ファラオ

Pharaoh

があったので、皆、無事に生き延びることができました。

しかもこの飢饉は、ヨセフに思わぬ再会をもたらしました。実はヨセフはイスラエル人で、異母兄たちの妬みによりエジプトに奴隷として売り飛ばされた過去がありました。しかし、その兄たちが食べ物を求めてエジプトにやってきたので関係が修復され、最愛の父にも会うことができたのです。

こうしたドラマの背後にヨセフの神を信じる心、ファラオのヨセフを信じる心があったことを思います。信じることからもたらされる喜びを大切にして歩むわたしたちでありたいです。

女王

Queen

女王は王に言った。
「わたしが国で、あなたの御事績とあなたのお知恵について聞いていたことは、本当のことでした。……あなたをイスラエルの王位につけることをお望みになったあなたの神、主はたたえられますように。主はとこしえにイスラエルを愛し、あなたを王とし、公正と正義を行わせられるからです。」（列王記上10章6、9節）

旧約聖書に出てくる女王の中でも、シェバの女王は有名です。ところがこの女王、名前も、シェバがどこにあった国かも分かっていません。シェバはエチオピアともイエメンともいいます。そんな分からないことだらけなのに、彼女のことが覚えられてきたのはどうしてでしょう?

昔々、シェバの女王はイスラエルのソロモン王に会うため、たくさんのお供を連れ、たくさんの香料、金、宝石を持ってエルサレムにやってきました。ソロモンが素晴ら

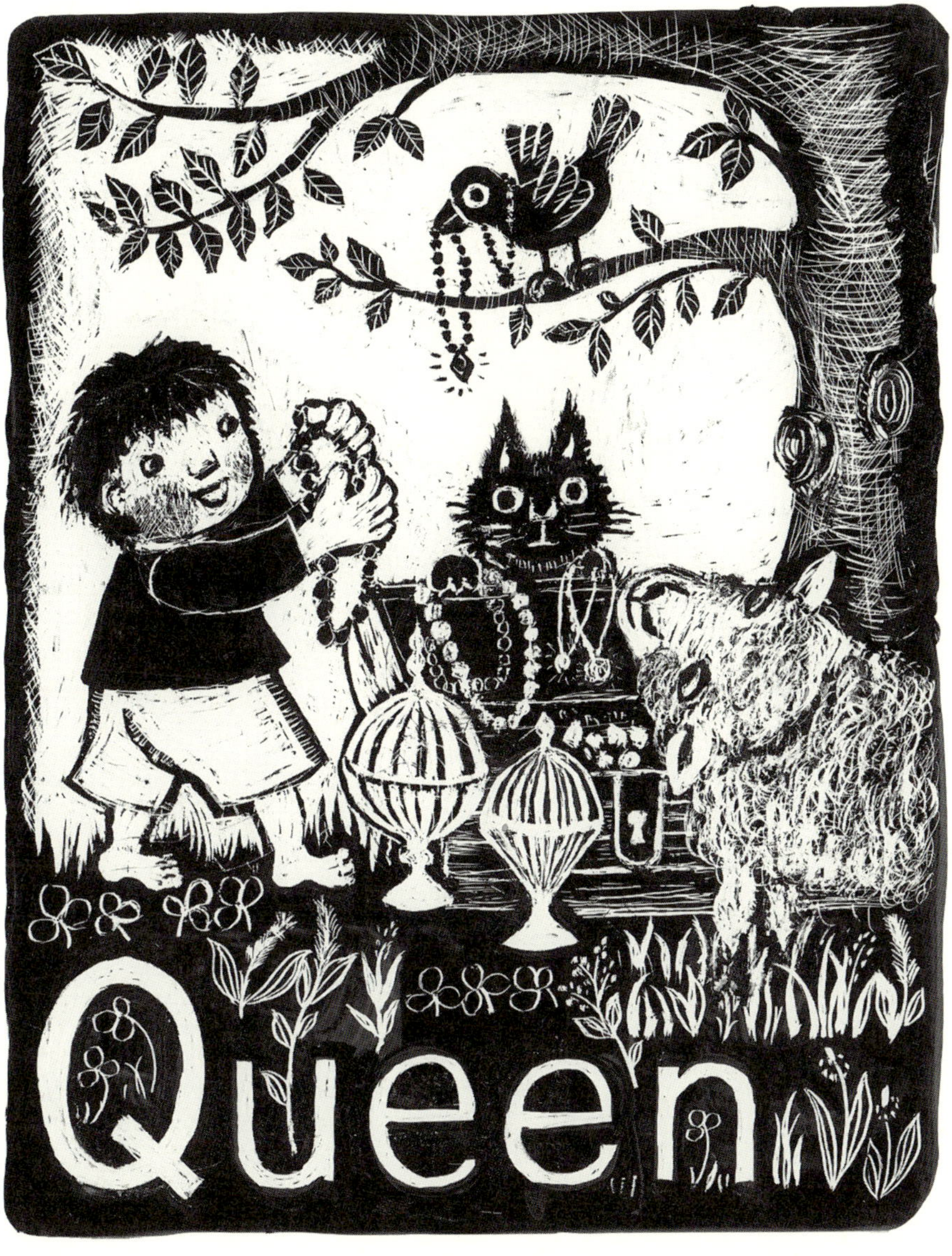
Queen

女王

Queen

しい知恵の持ち主だと聞き、遠く南のシェバからわざわざそれを確かめにきたのです。

女王はソロモンに会うと早速難問をぶつけました。すると彼はすらすら答えました。それもそのはずです。ソロモンは王となった時（列王記上3章）、人々を導くために善悪を判断し、訴えを正しく聞き分ける知恵を神に願いました。神さまは彼が自分自身の長寿や富、敵を倒すことを望まず、人々を第一に考えたことをたいへん喜び、知恵はもちろん、彼が願わなかった富と栄光まで与えたのです。

シェバの女王は、ソロモンの賢さや、イスラエルの豊かさをみて、息も止まるような思いでした。しかし、この時の女王の言動も素晴らしいものでした。目の前のソロモンをたたえるのではなく、目にはみえないけれども彼を王として守り導いてきた神さまを心から賛美したのです。

シェバの女王は持ってきた高価な香料などを、惜しむことなくすべて贈り物として差しだすと、喜んで国へ帰って行きました。女王が持ってきたほどたくさんの香料は、それ以前にも以後にも、イスラエルにもたらされたことはなかったといいます。

その後、栄華を極めたソロモンはいろいろな国から七〇〇人の王妃！ と三〇〇人

女王

Queen

の側室！　を迎えます。そしてしだいに王となったころの信仰と謙虚さを忘れ、妻たちの信じる異国の神々に心を迷わせていきました……。

神に選ばれ多くのものを与えられながらも、神から離れていったソロモン。一方で異教の地からはるばるやって来て短い滞在の間に本当の神をさとり、持てる富を差しだし神をたたえたシェバの女王。二人の姿は対照的です。

女王はその後どうなったのでしょう？　意外とソロモン以上に神さまを信じ、良い統治者として歩み、シェバも繁栄したかもしれませんね。

ルツ

Ruth

ルツは言った。
「あなたを見捨て、あなたに背を向けて帰れなどと、そんなひどいことを強いないでください。
わたしは、あなたの行かれる所に行き
お泊まりになる所に泊まります。
あなたの民はわたしの民
あなたの神はわたしの神。……」（ルツ記1章16節）

女性同士でも特に難しいといわれるのが嫁姑の関係です。でも実際には、心温まる義理の母娘関係もあります。例えばルツ記の主人公であるルツは、義母であるナオミをとても尊敬し、実母のように大切に思っていました。一方のナオミもまた義理の娘ルツをとても愛していたのです。

ナオミは、故郷ユダが飢饉になった時に夫と二人の息子と共に、ルツの国であるモ

Ruth

ルツ

Ruth

アブに逃れました。やがて夫は亡くなりますが、その地で、ナオミの息子の一人がルツと結婚しました。ところがこの家族を不幸が襲います。ナオミの二人の息子が次々に亡くなってしまったのです。

ユダの飢饉が終わったと聞いたナオミは故郷へ帰ることにしました。ルツは、ナオミから「実家に帰り良い相手を見つけて再婚しなさい」と優しく諭されます。

この時代、女性が父、夫、息子といった男性の後ろ盾なく、自立して生きることは不可能に近いことでした。ナオミはルツの幸せを第一に考え、困難が予想されるのに、たった一人で故郷に帰ろうとしていたのです。

ルツはそんな義母に、「あなたの行くところに行き、あなたの大切にするものを大切にします。あなたの神はわたしの神です」と泣いてすがりました。ルツは、ナオミの愛情深い人柄がその信仰に支えられていることを知っていたのでしょう。自分自身も同じ神を信じ、愛を大切に生きていきたいと願っていました。

結局ルツは、遠い義母の国へ一緒に行きました。女二人の生活は楽ではありませんでしたが、助け合って日々を過ごしました。ルツは食べものを得るため落ち穂拾いに行き、思いがけずたくさんの大麦を持って帰り、ナオミをびっくりさせました。実は畑の持ち主ボアズがルツの事情を知り、そっと配慮してくれたのです。その後ルツは、ナオミの手助けもあり、ボアズと結婚をし、子どもにも恵まれ幸せに暮らしました。

このルツの名前は、思いがけないところでみることができます。それはイエスさまの系図（マタイ1章）の中です。異教の民である外国人は、罪深く救われないと考えられていたのに、イエスさまの祖先としてモアブ人ルツの名がしっかりと刻まれています（5節）。系図には普通、女性はしるされないものであるにもかかわらずです。

イエスさまの系図に輝くルツの名は、血のつながりや生まれではなく、わたしたちを愛してくださる神さまに支え導かれ、誰かを大切に思いやり、その人の価値観や考えを含め尊重する生き方こそが人と人を結びつけ、素晴らしい救いをもたらすことを示しているようです。

サラ

Sarah

サラは言った。
「神はわたしに笑いをお与えになった。
聞く者は皆、わたしと笑い（イサク）を
共にしてくれるでしょう。」（創世記21章6節）

聖書には妊娠や出産にまつわる不思議な話がたくさんあります。たとえばイエス・キリストの母となったマリアは、神さまの力、働きかけである聖霊によって、まったく身に覚えがないのに妊娠しました。処女懐胎といわれることもあります。
この新約聖書のマリアの話と同じくらいありえないように思われるのが、旧約聖書のサラの話です。

サラは何と九十歳の時にイサクの母となりました！　ちなみに夫のアブラハムはそ

Sarah

サラ

Sarah

の時、百歳です！　マリアの場合、その経緯こそ不思議ですが、まだ若く肉体的には妊娠出産が可能です。しかしサラの場合は「月のものがとうになくなっていた」（創世記18章11節）ので、妊娠や出産は不可能と思えました。

しかもサラは若い時から不妊に苦しんでいました。イスラエルの伝統では子どもは神さまの祝福のしるしです。サラも必死で祈り、さまざまな努力を重ねたでしょうが、とうとう子どもを授かることはありませんでした。悩んだサラは、ついに自分のかわりに女奴隷ハガルにアブラハムの子を産んでもらったほどなのです。

ところがそのサラのもとに、ある日神さまの使いが現れ、イサクの誕生を予告します。サラは神さまを信じてはいましたが、年齢のことや、これまでのつらい経験から、自分自身の妊娠、出産については「いくら神さまでもそれだけは無理」と諦めてしまっていました。だから長年の望みがかなえられると告げられたのに、喜ぶどころか「そんなバカなことが今さら」と全く信じられず、思わず笑ってしまいます。

しかし、サラは確かに妊娠し、無事にイサクを出産しました。サラの不信と諦めに満ちた冷ややかな笑いは、信仰と希望に満ちた心からわき上がる喜びの笑いへと変えられました。その笑顔はそれを見た周囲の人まで思わず笑顔になるような晴れやかで美しい笑顔でした。

あなたは今心から笑っていますか？　とても素直に笑えない状況にあるのなら、サラのことを思い出してください。サラが九十歳で産んだ男の子の名前、イサクは「笑い」という意味です。わたしたちが考えるよりもはるかに長い時間がかかるかもしれませんし、どうしてそれが可能なのか理解できないかもしれません。でもわたしたちは、神さまの愛に満ちた働きが、いつか確かな形で現れるのを気長に待っていてもいいのではないでしょうか。また心から笑える日を信じ、あせったり、自ら諦めて希望を捨てたりしなくていいのではないでしょうか。

板

Tablet

主は契約を告げ示し、あなたたちが行うべきことを命じられた。それが十戒である。主はそれを二枚の石の板に書き記された。

（申命記4章13節）

「タブレット端末」とか「タブレットＰＣ」とか、「タブレット」という言葉を耳にします。手元にあれば必要な時にすぐ調べ物ができたり、写真が撮れたり、とっても便利で魔法の道具のようです。でもこれらに頼りすぎるのはちょっと怖いです。例えば、電車の時刻や目的地の地図をすぐに見られることが当たり前になっていると、急にそれができなくなった時に対応できず、深刻な事態に陥りかねないと思うからです。

ところで、英語の旧約聖書にもタブレットのことがしるされているって知っていま

Tablet

板

Tablet

したか。聖書のタブレットは、「タブレッツ・オブ・ストーン（tablets of stone）」と表現される二枚の石の板です。今どきのタブレットとはだいぶ違います。でもこの石の板は、わたしたちの人生を大いに助けてくれます。

聖書の石板は、神さまがモーセを通してイスラエルの人々に与えたものです。そこには「十戒《じっかい》」と呼ばれる十の掟《おきて》がしるされており、これこそが救い主イエスさまによる新しい救いの時代が始まる前に、人々に与えられていた救いの約束（契約）の中心にあるものでした。

十戒の内容は、次のようなものです（出エジプト記20章）。

①あなたには、わたしをおいてほかに神があってはならない。
②あなたはいかなる像も造ってはならない。
③あなたの神、主の名をみだりに唱えてはならない。
④安息日を心に留め、これを聖別せよ。
⑤あなたの父母を敬え。
⑥殺してはならない。

⑦姦淫してはならない。
⑧盗んではならない。
⑨隣人に関して偽証してはならない。
⑩隣人のものを一切欲してはならない。

十戒の①～④は神さまとわたしたちの関係、⑤～⑩はわたしたち同士の関係についての約束です。イエスさまもいちばん大切な掟は「心を尽くし、精神を尽くし、思いを尽くして、あなたの神である主を愛しなさい」と「隣人を自分のように愛しなさい」だと教えてくださっていますが、それとも重なります（マタイによる福音書22章37、39節）。

わたしたちが幸せに過ごすためにいつも心に携えていたいタブレット。それはわたしたちをありのままで愛して今日も命を守り導いてくださっている神さまのぬくもりを感じ、神さまを信頼して生きること。そうした神さまの愛に励まされ、わたしたちが自分勝手な思いを捨て、互いに温かな信頼関係を築きつつ生きることではないでしょうか。

ウリヤ

Uriah

ウリヤはダビデに答えた。「神の箱も、イスラエルもユダも仮小屋に宿り、わたしの主人ヨアブも主君の家臣たちも野営していますのに、わたしだけが家に帰って飲み食いしたり、妻と床を共にしたりできるでしょうか。あなたは確かに生きておられます。わたしには、そのようなことはできません。」（サムエル記下11章11節）

旧約聖書に出てくる男性の中でも「こんなにいい人が……なんとも気の毒」と思うのはウリヤです。ウリヤはダビデ王に仕える軍人で、三〇人の勇者の一人に数えられる優れた人でした。

ウリヤにはバト・シェバという美しい妻がいました。彼は妻を心から愛していました。その様子は貧しい男がやっとの思いで手に入れたたった一匹のこひつじを、目に入れても痛くない娘のように可愛《かわい》がり、自分の器から食べ物や水を与え、ふところに

Uriah

ウリヤ

Uriah

抱いて眠るようだったといいます。ところがそんなささやかな幸せを大切に生きてきたウリヤが、とんでもない策略に巻き込まれ命を奪われることになります。

ウリヤが戦いに出ている時のことでした。妻のバト・シェバが庭で水浴びをしていると、それを宮殿の屋上からのぞき見ていた人がいました。

ダビデ王です。王にはすでに妻が何人もいましたが、バト・シェバがあまりにも美しいのですっかり心を奪われてしまいました。王は彼女がウリヤの妻であることを知りましたが、権力にものをいわせて関係を迫りました。そしてバト・シェバが妊娠すると、何とか隠し、取り繕おうとします。

まずダビデ王は戦地にいたウリヤを呼び戻し、もっともらしく戦況を聞くと、バト・シェバの待つ家に帰らせようとしました。そうすればウリヤ自身も他の人も、おなかの子はウリヤの子だと信じ、疑わないだろうと考えたのです。

ところが、まじめなウリヤは仲間たちが野宿し懸命に戦っているのに、自分だけ家で妻とのんびり過ごしたりできないと、家に帰りません。

焦った王は翌日ウリヤを酔わせ、なんとかバト・シェバの元に帰らせようとしましたが、ウリヤはやはり家には戻りませんでした。

ついに王は上官にあてた手紙を持たせ、ウリヤを戦地に送り返しました。その手紙には、ウリヤをわざと最前線で戦わせ、戦死させるように書いてあったのです！

何も知らないウリヤは勇敢に戦いましたがついに命を落とし、王はバト・シェバを自分の妻にしました……。


ダビデ王は、立派な王だといわれます。でもこのことに関しては妻に対しても、王に対しても、仲間に対しても、真心を尽くし誠実に生きたウリヤのほうが断然輝いています。

彼が亡くなったのは本当に残念であったと思うのは、わたしだけではないでしょう。

幻

Vision

その後
わたしはすべての人にわが霊を注ぐ。
あなたたちの息子や娘は預言し
老人は夢を見、若者は幻を見る。（ヨエル書3章1節）

「あの人にはビジョンがある」とか「ない」とか、話題にすることはありませんか？　何気なく使っているビジョンという言葉ですが、本当のところ何を指しているのでしょう。普段使う場合は、「将来の計画、展望」といった意味でしょうか。確かに未来について無展望、無計画では困ります。

英語の聖書にもビジョンという言葉が出てきます。「幻」と訳されている言葉がそうです。でも聖書の幻は単なる未来の展望や計画ではありません。その証拠に幻には

ViSiOn

幻

Vision

「むなしい幻」や「偽りの幻」もあり、その一方で「主からの幻」や「神の幻」もあるからです。

　そうです。聖書のいう幻は、「神さまから示された展望や計画」のことです。それはいわば神さまのご計画ですから、どんなに無謀で愚かしく思えたとしても、決してむなしい結果に終わることのないものです。しかし展望や計画が、自分勝手な人間の思いから出たものならば、一見とても素晴らしく見えたとしても、悲惨な結果が訪れるかもしれません。

　わたしたちはビジョンの有無を問題にしがちですけど、本当はビジョンがないことではなく、そのビジョンが進むべき未来へ確かにわたしたちを導くものであるかが問題なのではないでしょうか。誰だって、散々な結果に終わるようなビジョンなどいらないはずです。

　では、どうしたら確かな幻を神さまから頂くことができるのでしょう？　ちょっと難しい表現をするなら、神さまから「霊」を注がれていることをしっかり意識することです。「霊」とは「聖霊」のことで、これは神さまの愛の息吹、愛の働きかけです。

つまりわたしたちが神さまの愛によって今この瞬間も生かされていることをしっかり感じ、大切に味わい、噛みしめるのです。そうすれば、わたしたちはいてもいなくてもよい存在ではなく、神さまにとって、この世界にとって必要な存在であること、どんな人にも神さまから与えられた命の意味があること、つまり、確かな幻を頂いていることに気づけるでしょう。

男性でも女性でも、年を重ねていても若くても、ありのままのわたしが、神さまの素晴らしい将来の計画のため、神さまの愛の道具として用いられることこそわたしたちの幻ではないでしょうか。

ちなみに聖書に出てくる「幻」「夢」「預言」は形こそ異なれ、みんな神さまから与えられるものです。それぞれにいちばんふさわしい形で、いつだって神さまはわたしたちが進むべき道やなすべきことを示してくださっています。

水

Water

この水が流れる所では、水がきれいになるからである。この川が流れる所では、すべてのものが生き返る。（エゼキエル書47章9節）

人生を変えた水というとヘレン・ケラーを思い起こします。日本の福祉にも大きな影響を与えたヘレンは、病が原因で幼くして見ること、聞くことができなくなっただけではなく、言葉を十分覚える前だったので、会話をすることもできませんでした。

しかし孤独な闇の中で五年を過ごした後、ついにヘレンに劇的な瞬間が訪れます。水に触れているヘレンの傍らで、愛情あふれる家庭教師のアン・サリバンが指文字で「これは水」と教えました。すると水の冷たさや感触と相まって、ヘレンの内に不思議な革命がおこりました。それ以降ヘレンは言葉をどんどん覚え、さまざまな不自由

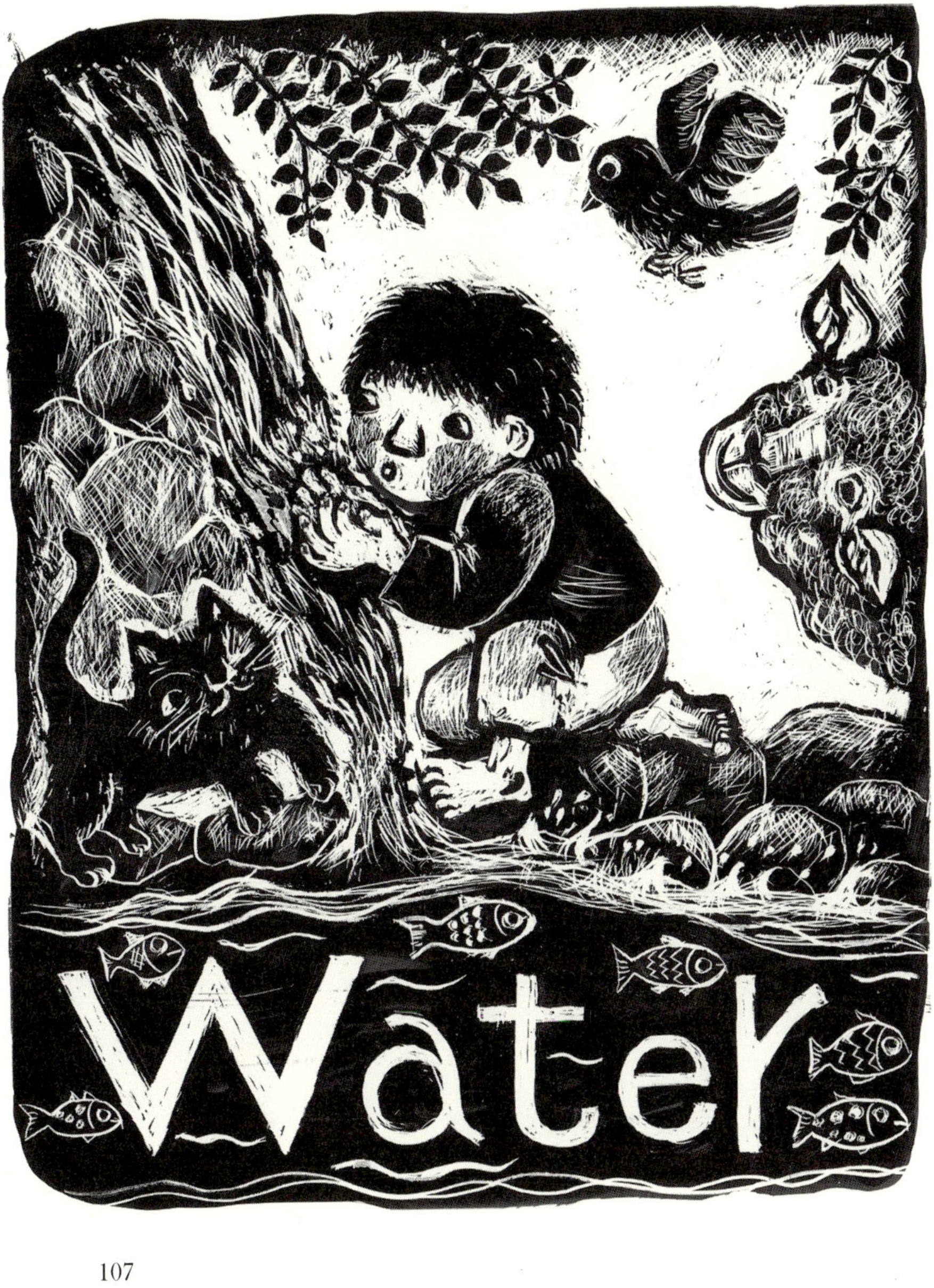
Water

水

Water

を抱えたまま、周囲と思いを交わし理解し合い、自分らしく活躍する、新しく明るい世界を歩みました。

水はわたしたちが生きていく上で欠かせないものです。物理的、肉体的意味合いでの水も無視できませんが、同時に考えたいのは、心の渇きやそれを潤す水についてです。なぜならば飲み水や食べ物が十分にあっても、何か満たされない心の渇きや傷を抱え苦しんでいるということがわたしたちにはよくあるからです。

エゼキエル書には、国全体を揺るがす困難の中で、預言者エゼキエルが神から示された救いについてしるされています。この時代（紀元前六世紀）、バビロニア軍によりエルサレムの都は滅ぼされ、人々は捕虜としてバビロンに連れて行かれました。

そうした状況下で、エゼキエルはなお神さまが自分たちを見捨てることなく導き、人々の心をいやし清めて新しい交わりを再建してくださると語りました。またその人々の新しい輪の中心には神さまがおられ、そこから流れ出す神さまの水はすべての汚れを清め、すべてを生き返らせ、豊かな実りをもたらすことも力強く示しました。

水

Water

わたしたちの心の渇きや傷をいやし、周囲とのかかわりを回復させ、新たに生かす水、それは愛かもしれません。

神さまはどんな状況の中でもわたしたちを見捨てることなく愛し、命を守り導いてくださっています。その愛のしるしである神の子イエスさまは、いつもわたしたちの傍らで愛情をもって辛抱強く教えてくださっています。「わたしが与える水はその人の内で泉となり、永遠の命に至る水がわき出る」（ヨハネによる福音書4章14節）と。

自分だけの孤独な世界から、愛し愛され共に生きる新しい開かれた世界へと歩み出しましょう！

クセルクセス

Xerxes

さてそのころ、モルデカイが王宮の門に座っていると、王の私室の番人である二人の宦官ビグタンとテレシュが何事かに憤慨し、クセルクセス王を倒そうと謀っていた。それを知ったモルデカイは王妃エステルに知らせたので、彼女はモルデカイの名でこれを王に告げた。

（エステル記２章21－22節）

数学の方程式では未知数をＸで表しますよね。

『こひつじたちのＡＢＣ』でも、Ｘは未知の人物ではないでしょうか。アダムのＡからスタートし、誰もが知っていそうな旧約の人物や、鍵となる言葉を紹介してきましたが、Ｘはいきなり「クセルクセス」ですから。でもクセルクセスがいて本当に良かった。彼のおかげで、ＡＢＣをゴールのＺにむけ、繋ぐことができます。

クセルクセスは中央アジアからエジプトまでを支配した古代ペルシア帝国の王さま

Xerxes

クセルクセス

Xerxes

です。紀元前六世紀、ユダヤ人たちはバビロニア帝国の捕虜とされ、困難な生活を強いられました。約五〇年の後、バビロニア帝国はペルシアに滅ぼされ、ユダヤ人たちは解放されましたが、一世紀近くたったクセルクセス王の時代になってもスサ（現イラン南西部）の町にはまだたくさんのユダヤ人がいました。クセルクセス王の妃となったエステルと、その養父モルデカイもユダヤ人です。

ある時、クセルクセス王の暗殺計画を知ったモルデカイは、エステルを通して計画を王に伝え、王の窮地を救いました。

それにもかかわらず王は、命の恩人モルデカイにお礼すら言わず、やがてそのことをすっかり忘れてしまいます。しかし何年もたってから、眠れぬ夜に王はふとそのことを思い出し、遅ればせながらモルデカイにぜひともお礼をしたいと考えました。そしてモルデカイに立派な王の服と馬を与えると、広場に連れ出し、彼を称賛したのです。

ところでこのころ、ペルシアではユダヤ人虐殺の恐ろしい計画が進んでいました。実はクセルクセスは、何かと側近を頼りにし、その意見に従うことの多い王さまでした。ユダヤ人の全滅計画も側近の一人が企て、王はそれをいとも簡単に許可していたのです。

幸いなことに、王妃エステルの説得によって虐殺は阻止され、ユダヤ人たちは救われます。

これに関して心に留めたいことは、クセルクセスがモルデカイという一人のユダヤ人の真心を思い出し、感謝の思いをぜひ伝えようと、自ら決断し行動した事実です。確かに美しく賢い王妃エステルの活躍もありましたが、王の決断を境にユダヤ人を取り巻く流れが大きく変わったのです。

真心こそが立場の違いを超え人や物事を動かすこと、自身で考え決めること、感謝を伝えることの大切さを、わたしたちも忘れずにいたいですね！

クセルクセス

Xerxes

軛

Yoke

その日が来れば
あなたの肩から重荷は取り去られ
首に置かれた軛は砕かれる。（イザヤ書10章27節）

旧約聖書は、神さまがこの世界や人間をつくられたことからはじまり、神の民とされたイスラエルの人々の歴史などいろいろなことがしるされています。実に壮大な神と人類の物語ですからさまざまな見方、読み方ができるでしょうが、ぜひ覚えておきたいのは、「神さまがやがて人々を救うために遣わすことになる救い主について、どのような方か示している書」とも言えることです。

旧約聖書にはイエス・キリスト誕生以前のことがしるされています。ですからこれらがしるされた時点では、誰もまだ神の子である救い主イエスさまのことを、実際に

Yoke

軛

Yoke

は知らなかったわけです。ですが、キリスト誕生以後の時代を生きるわたしたちからみると、これはイエスさまのことをいっているとしか思えない！　というものがたくさんあります。

神さまの言葉を預かり人々に伝える人を預言者といい、そのお預かりした神さまの言葉を預言といいますが、預言の中にはそうしたものが多く含まれています。

たとえばイザヤは紀元前八世紀に活躍した預言者です。彼が生きた時代はアッシリア帝国とエジプトが権力争いをしており、そこに小国イスラエルも巻き込まれていきました。

イザヤはどちらかの大国に頼ることで助かろうとするのではなく、ただ神を信じ、神に頼ることの大切さを訴え、それこそが真の救いに至る道であると告げました。

とはいえ当時のイスラエルの国、人々の不安や困難はとても大きなものでした。人々はまるで牛やロバが畑を耕したり荷物を運ぶ時に首につけられる軛《くびき》という道具をつけられているようでした。軛とは、二頭の家畜の首に固定させ、車やすきを引かせるための道具です。軛をつけられると自由を奪われます。しかも悪い軛は呼吸さえ妨げ、持っている力も出せなくなるといいます。
　しかしイザヤは、「その日が来れば」つまり「神の救いがもたらされる日が来れば、軛は砕かれる」と力強く預言しました。これは神さまが与えてくださる救い主イエスさまがわたしたちの軛を砕いてくださることを述べているのではないでしょうか。

　その後七〇〇年以上がたち、この世に来られたイエスさまは「わたしの軛を負い、わたしに学びなさい。そうすれば、あなたがたは安らぎを得られる」（マタイによる福音書11章29節）と語りかけました。イエスさまはわたしたちの重荷を共に背負ってくださる救い主です。十字架へとつながる生涯や、愛の教えによって、わたしたちを苦しめる軛は砕かれ、傍らのイエスさまとの大切な絆《きずな》へと変わり、思いがけない安らぎと力が与えられることになるのです。

シオン

Zion

わたしは一つの石をシオンに据える。
これは試みを経た石
堅く据えられた礎の、貴い隅の石だ。
信ずる者は慌てることはない。
わたしは正義を測り縄とし
恵みの業を分銅とする。（イザヤ書 28章16—17節）

紫苑《しおん》という紫色の可愛《かわい》い花をごぞんじですか？　花言葉は「君を忘れない」だそうです。素敵ですね。

「シオン」は聖書にも出てくるんですよ。ただし聖書のシオンは花ではなく場所です。もともとはエルサレム東南部の丘を指し、次第にエルサレムの町や神殿も指すようになったそうです。人々はシオンに神がおられると信じたので、シオンは聖なる特別な場所でもありました。

Zion

シオン

Zion

ところが「シオンの娘」と呼ばれるこの町の住人たちでさえ、困難の中では神さまを忘れたり、疑ったりしました。そして周囲の大国に頼るなど、根本的な解決にはならないその場しのぎのことに振り回されて一喜一憂しました。

例えば預言者イザヤの時代、アッシリア帝国が勢力を増し国家滅亡の危機に陥った時がそうです。そんな時にも、神さまはイザヤを通して人々に語りかけ続けました。イザヤが告げたのは、神の救いの約束でした。どんなにつらくて不安でも、なお神さまは信じるに足る方であり、わたしたちの想像を超える思いがけない救いを必ず与えてくださるということでした。

残念ながら、当時の人々はほとんどイザヤの声に耳を傾けることはありませんでしたが、イザヤはいつかきっと人々を導く救い主がシオンに現れ、神さまの存在とその救いの恵みを世界中に示すようになるとの希望を持ち続けました。

はたしてこのイザヤの望みはかなえられたのでしょうか？　確かにビックリするような出来事を通してかなえられました。長い月日を経て、なんと神の子イエス・キリ

シオン

Zion

ストが救い主として地上に遣わされたのです。そしてシオンと呼ばれるエルサレムで十字架にかかり復活され、すべての人に救いの道を開かれました!

わたしたちを深く愛し、歴史を通して働かれる神さまの救いのみ業について、すでに多くのことを知らされているわたしたちです。シオンでの過去の出来事から学べば、紫苑の花言葉のように、シオンは「神さまを忘れない」ための言葉になるでしょう。

どんな時にも神さまを忘れず、慌てず、騒がず、神さまが紡がれる新たな救いの歴史の中を、希望をもって歩んでいくわたしたちでありたいですね!

あとがき

子どものころの夢は、わたしが文章を書き、池谷陽子《いけのや》さんに絵を描いてもらった本をつくることでした。その夢がわたしの思いをこえた嬉しい形でかなえられたのは、前作『こひつじたちのあいうえお』（二〇一二年、日本キリスト教団出版局）によってでした。『あいうえお』は、新約聖書からあいうえお順にテーマを選び、つづったキリスト教入門エッセイで、「愛」からはじまり「アーメン」でおわります。最初は伝道新聞『こころの友』（日本キリスト教団出版局）紙上で、途中からは『こひつじの友』（新島学園短期大学）というＡ４サイズ片面刷り一枚の小さな新聞を創刊し、その紙上で連載しました。

四年にわたる「あいうえお」の旅が終了した後、ようこさんとわたしは新たな旅に出発することにしました。今度は旧約聖書からＡＢＣ順にテーマを選び、キリスト教入門エッセイにしようということになり、「アダム」から「シオン」まで『こひつじの友』で発表をつづけました。こちらは三年近くかかりました。

毎月一回の連載をつづけることは、時にとても大変なことです。でも二人で夢を共有し、力をあわせることはそれ以上にワクワクする楽しいことです。ましてやわたしたちの旅には、ようこさんが描いてくれる可愛《かわい》らしい旅の仲間と、楽しみに読んでくださるみなさんが一緒ですから、そこからたくさんの励ましや気づきを与えられ、旅の一歩一歩を支える力となりました。

時々、わたしたちがどんなふうに作品をつくりあげていくのか質問されます。まずわたしが毎回のテーマを決め文章をだいたい書きあげます。次にようこさんがこれを読み、イメージを練りあげ絵を描きます。最後にわたしが絵を見てさらに文章を整えます。この段階で内容が大きく変わることもあります。ですからようこさんの絵は挿絵ではなく、わたしの文章と同じ重みのある作品の半分なのです。

「ABC」の旅を終えて思うこと、それは「歩みつづけることの大切さ」です。人生という旅の途上で、疲れを感じ空っぽな自分に呆然とする日や、全然前に進んでいないように感じる日もありますが、それでも振り返ればそこにささやかながらも自分らしい足跡がつづいており、その隣にはどんな時もわたしたちを見捨てることなく支え導いてくださった神さまの足跡が尊い宝物として輝いています。もちろんその周辺には神さまが与えてくださった大切な仲間たちの足跡も！

今、わたしたちの旅を『こひつじたちのABC』という一冊の本として改めてお届けできることは大きな喜びです。この本を手に取ってくださったあなたの歩みとわたしたちの歩みが神さまの大きな愛の御手の中で不思議に交わり、そこからそれぞれのさらなる歩みが素敵につづいていくことを心から願っています。

もペタペタペタ。今はこのハンコを見て欲しくて手紙を出します。でも手紙に書く内容が何もなくなってしまい困っています。

Y　わたしがお世話になっている新島短大。初代学長の座右の銘は「幻なければ神滅ぶ」だったそうです。「幻」が与えられているとは、神さまと共に歩んでいるということだと、改めて感じています。

水（14年4月）

Y　イタリア・ミラノで面白い水飲み場を見ました。鳥のくちばし型の蛇口から下に水が流れ出ているのですが、そこを指で押さえると、何と鳥の頭から水が上に噴き出ます！　飲みやすい！

I　水道の蛇口をひねると水が出てくることはとても素晴らしい。北海道の冬、水道を凍らせてしまったことが何度かある。春がどんなに待ち遠しかったか……。東京に住む今でも蛇口をひねる時、一瞬あの時の不安を思う事がある。

クセルクセス（14年5月）

I　眠れない夜はどうせなら起きてしまおうと手紙など書く。深夜放送を聞き、時空を超えた至福のひとときに書き綴った手紙だけど、受けとった相手には突然の意味不明の便り……かもしれない。

Y　最近見た悪夢。権力者の気まぐれで突然死刑の宣告を受けるというもの。人はこんなにあっけなく死に追いやられるのかとショックで目が覚めました。もちろんそれからしばらく寝付けませんでした。

軛（14年6月）

Y　最近ヨガを習っています。ヨガとヨーク（軛）は同じ意味と知りびっくり。ヨガのおかげで、日常の様々なことから生じる肩こりやだるさからはだいぶ解放されました！

I　手元に転がっている石、木の枝、紐とかで何かを創る。その辺にあるすべてが創造の源に見えて捨てられない。……と言うのは片づけられない事へのいい訳かな？　いつか素晴らしいアートの出来上がるのをご期待ください！

シオン（14年7月）

I　Ｚまで辿り着きました！　ひつじ、猫、小鳥たちに助けられながら歩みました。旧約聖書時代の人々の生活や人間模様等を想像するともっと知りたいことがたくさん湧いてきました。

Y　人生の旅のごとく、ぶあつい旧約聖書をわずか26文字のＡＢＣでめぐろうとするこの無謀な旅は、時に楽しく、時に苦しいものでした。でも旅の仲間たちに励まされ、神さまの豊かな愛の働きを再確認。さらなる旅の力が!?

いたりします。本当の気持ちにハッと気づかされることもあります。

女王（13年9月）

Y 「Queen」というとイギリスのロックバンド、「シバの女王」というとポール・モーリアの音楽が頭の中で流れます。が、今後は聖書のシェバの女王の探求心と柔軟な姿勢に倣います。

I 暑さに茹る東京から脱出、北海道で過ごしています。画材を車に沢山積み込んで、創作に励むつもりでしたが、居心地の良い日々は私を腑抜けにしてしまいました。空の色や緑の眩しい光がそこに在るだけで十分なのです。

ルツ（13年10月）

I 北海道から3カ月ぶりに東京の我家に帰りました。庭の草々が伸び素晴らしき野草庵に……。堆肥から芽を出したカボチャの蔓は高い木の上までのぼっています。"自由"の結果は混沌として他からは理解されにくいかも……。

Y 子どもの頃、ルツの落ち穂拾いに憧れ、近くの田んぼで一生懸命落ち穂を集めました。大麦ではなくお米、量も少なく、出会いもありませんでしたが、懐かしい思い出です。

サラ（13年11月）

Y 写真をみて自分の笑顔に驚くことがあります。心のありようはやはり自然と表情に現れるようです。何事にも感謝すべき点を見出して心から喜び、曇りのない笑顔を目指します。

I 笑顔の絵はニコニコして描きます。顔だけでも笑うと心もやわらいできます。先日、「笑いヨガ」を少し体験しました。お腹の筋肉が温かくなり美容にも体にもとてもよさそうです。いつも心から喜ぶ日々でありたいものです。

板（13年12月）

I カレンダーに書き込んだ自分の文字が読めず何の予定か思い出せない時があります。電話をしながら落書きをする癖もあり紙面は意味不明……。そんな時メールでの約束は記録が残っているのでホッとします。

Y 数年前までスマホなんてなくても平気だったことが嘘のようです。うっかり忘れて出かけると、何かと困ることが多く、どれほど頼っているのかを感じます。数年後はどうなるのでしょう。

ウリヤ（14年1月）

Y 不義理を詫びつつ年賀状を書いたところ、なぜか古い名簿で宛先を印刷してしまい、さらなる失礼を重ねてしまいました……。今年の抱負は「こんなことがないようにきちんとしたい」。

I いつも不義理を重ねている日々をお詫びかたがた年賀状を書く。新年になってから書くので、届いた年賀状に追われながらの毎日。手紙好きなので一通ずつ楽しみながら書く。もうすぐ春の便りと重なってしまいますね。

幻（14年2月）

I 消しゴムハンコ作りに凝っています。手紙好きなので葉書にも封筒に

かったのに気づくと新しいつぼみが！　どんなところにも確かに春は来ると告げてます。来週、新たな卒業生が旅立ってゆきます。

I　今、羊の絵本に取り組んでいます。走ったり、座ったり、後を向いたりの羊を100匹以上描いたけど、なおまだまだ難しい。悩むとひたすらホワホワの毛を書き足すばかりで太っちょの羊になってしまいます。

獅子（13年4月）

I　北海道で酪農をしていた頃は、牛はもちろん、羊、ウサギ、ニワトリ、犬、猫を飼っていた。東京に帰って来てからは何も飼っていない。だから庭に来る野鳥の餌付けをしたり、通り過ぎる猫の為に魚のシッポを置いたりする。

Y　食べ物も人間関係も、食わず嫌いのままではもったいないですね。どちらも最初は苦手だったのに、なぜか次第にとても好きになることがあります。パクチーとか、あの人とか……。

ミリアム（13年5月）

Y　田んぼに水がはられるとたちまち蛙たちが現れ大合唱。新緑の山で拾った枝を水につけると、たちまち木の芽が膨らんで葉っぱに。命の力強さとそれを引き出す水の存在を思う季節です。

I　今「戦争ホーキ展」に出品作品を制作中です。放棄と箒をかけてホーキ。シャシャッと掃いて捨ててしまいたい事がたくさんある！　若い人の参加も多く大いに期待しています。

ノア（13年6月）

I　今回色々な動物を描いて楽しかった！　不思議で素敵な動物たちの姿。そして動物園で見る世界中の鳥たちの色鮮やかで芸術的なセンス！　わたしも少しは見習いたいと思うけど、いつも黒や灰色で身を隠して生きています。

Y　見習うといえば、ようこさんのセンス。たとえ黒や灰色に身を包んでも、手作りの素敵なアクセサリーやバックが只者ではない感を醸し出しています。わたしはといえば、えーと……。

オリオン（13年7月）

Y　夜でも明るい街にくらし、パソコンで疲れた目では、なかなか星の輝きを十分に感じることが出来ません。だからこそ星の光にあこがれ癒されるのでしょう。星座盤も持ってます！

I　星の事、もっと知りたいと図鑑と照らし合わせながら、夜空を見上げる。でも明るい部屋に戻るとたちまちすべてを忘れてしまう。冷たい外の空気の中で、輝いている星は、いつまでたっても私にとっては遠い星のままです。

ファラオ（13年8月）

I　夏の間、東京を離れ北海道に来てます。家の周りは今、ソバやジャガ芋の花、金色に輝く小麦に彩られています。秋の収穫後には、黒茶色の土に戻り、その後白銀の雪に覆われます。何と贅沢な大スペクタクル大地でしょう。

Y　どうやら気になっていることが夢にあらわれます。絶対に寝坊してはいけない朝、夢の中ではもう身支度がすんで

慰められた日々を思い出します。

火（12年9月）

I　この夏2か月を北海道で過ごしました。星や朝日や夕焼けを見上げて感動する日々……。30年近く北海道に住んでいた時にもそれは同じようにあったのに、旅人気分で空を見ると何故こんなに美しく感じるのだろう。

Y　学生と一緒に久しぶりのキャンプファイアー。暗い空を明るく照らす火の柱、お互いの顔も明るく照らされて、不思議な感動が胸にこみ上げてきました。やっぱり火の力はすごい！

ゴリアト（12年10月）

Y　前作『こひつじたちのあいうえお』の原画展が銀座で行われました。ようこさんの絵、原画でみるとさらに素敵です。それにしてもサイン会にはドキドキしました。

I　数か月前から家の軒下にコガタスズメバチが巣を作っています。図鑑でその生態を調べそっと見守り、芸術的な美しい巣に感動する日々。けれどとうとうご近所の目にとまり近々撤去する事に。異なる生物の共存の難しさ……でした。

ハンナ（12年11月）

I　ホワホワと雪のように晩秋の空を舞い飛ぶ虫を北海道では雪虫と呼びます。その頃、豆の収穫が終わり積み重ねられた豆殻に火が付けられ町中が燻されて……私はこの匂いが大好きです。車を冬タイヤに変え緊張して半年間の雪の日に備えます。

Y　『あいうえお』の原画展を職場で行うことになりました。みんなの力で素敵に会場が整えられて感激。よく見るとひつじさんが遊びに来てウロウロした足跡が！！

イシュマエル（12年12月）

Y　今年も気がつけば一年が終わろうとしています。できなかったことを嘆くのではなく、できたことを感謝して新しい年に向かいたいと思います（そうしないととてもやっていけない……）。

I　毎年12月のジョン・レノンの命日に行われるライブに何回か行っている。奥さんのオノ・ヨーコと名前が一緒だというだけで勝手に親しみを持っている。ライブの売上で世界あちこちに学校を建てているヨーコ……。いい名前だ。

ヨナ（13年2月）

I　久しぶりの東京の雪……ちょっと嬉しがっています。北海道歴30年としては、なんのこれしきの雪と思っていたけれど、次の日の朝、ゴッチゴチに固まった雪道には少々疲れました。でも春の近づく予感……。

Y　子どもの頃はヨナが魚のおなかで過ごしたことをなにも不思議に思いませんでした。でも今では色々気になります。酸素があったのかとか、胃酸にやられなかったのかとか、すごく生臭そうとか……。

王（13年3月）

Y　昨年の卒業式に頂いた鉢植えの花、過酷な条件でろくに手入れもしな

こひつじたちのつぶやき

『こひつじの友』に「こひつじたちのABC」を連載した当時のわたしたちの「つぶやき」をまとめました。Yは山下、Iはいけのやです。

アダム（12年4月）

Y　学校は卒業式が終わったらすぐに入学式です。「こひつじの友」も「あいうえお」がようやく終わったと思ったらすぐに「ABC」がスタートしましたよ！　私たちの歩みに神さまの祝福がいつもそそがれてます。

I　アダムとエバの新しい出発が、明るく希望に満ちたものでありたいと描きました。こひつじと一緒にABC……と一歩一歩楽しみながら旧約聖書の世界を歩いていきますね。

バベル（12年5月）

I　憧れのアフリカへ旅立つ前、スワヒリ語教室へ。日本語→英語→スワヒリ語の授業に、英語のわからないわたしはすぐ挫折。でもアフリカでは、一つだけ覚えた「ジャンボ」（こんにちは）と笑顔で楽しみました。昔々、怖いもの知らずの若い頃の事です。

Y　いまだに夢の中で、「どうすれば伝わるのか」と悩みながら英作文をしていることがあります。でも結局、基本は挨拶と感謝の言葉。分かり合いたいと思う時には是非笑顔でお試しを！

カイン（12年6月）

Y　小学校の頃、4歳上の兄とよくけんかをしました。仕掛けるのは私でも「お兄ちゃんなのだから」と叱られるのは兄。思い起こせば申し訳ない事をしました。

I　3歳違いの兄とはよくケンカをしたりお馬ごっこ（馬は私）をしたり遊びましたが、6歳上の兄は私の存在をあまり覚えていないそうです。ただその妹がお年頃になった頃、美しい女友達を沢山連れてくるようになり、大きな存在に変わったそうです。

デボラ（12年7月）

I　道端の石を動かすと大小の蟻が忙しそうに働いていた。図鑑で調べると昆虫世界の奥深さに感動……。他の蟻の幼虫を盗んで奴隷に育てる蟻。茸を栽培して育てる蟻。人間という生物が不可解なこともとても納得……です。

Y　働き蟻の中にも怠け者がいるそうです。働かない蟻を取り除いても同じ割合で怠け者が出るとか。怠け者にも意味があるのだと怠け者の私は思います。ヒーローは三年寝太郎。

エバ（12年8月）

Y　エバったらこんなに大胆に禁断の実をアダムに！　と思いきや、これは皮の衣を着ているから、その後の二人の姿ですね。よかった。二人とも仲良く助けあってとても幸せそうです。

I　犬のポチはいつもミントの畑で寝ていました。20年生き子どもたちと共に成長。わたしもまだ若く色々なことに傷ついたり悪あがきをしていた頃。ポチのホワホワの毛を抱きしめてミントの香りに

山下《やました》智《とも》子《こ》

福島県生まれ。同志社大学神学研究科博士課程（前期）修了、サンフランシスコ神学校留学。日本基督教団弓町本郷教会伝道師、日本基督教団会津若松教会牧師を経て、2008年より新島学園短期大学宗教主任・准教授。担当科目は「キリスト教入門」「新島襄」「群馬とキリスト教」など。著書『こひつじたちのあいうえお――愛からはじまるキリスト教』『新島八重ものがたり』（いずれも日本キリスト教団出版局）。『群馬のキリスト者たち』（編著、聖公会出版）。

池谷《いけのや》陽《よう》子《こ》

東京生まれ。自由学園生活学校卒業後、版画工房の助手、工作教室の指導者の仕事と同時に、動物園の飼育係のアルバイト等をする。北海道宗谷にて酪農を17年間、営む。北海道剣淵町の「絵本の館」に勤務。現在、東京にて、絵本の製作。『こひつじたちのあいうえお――愛からはじまるキリスト教』『エッサイの木――クリスマスまでの24のお話』の絵を担当（いずれも日本キリスト教団出版局）。
絵本作品　『つきよのさんぽ』『ちいさな ふく ちいさな ぼく』（絵）、『だいすきセレスティア』ほか（いずれも福音館書店）。

こひつじたちのABC
アダムからはじまる物語

2015年1月20日　初版発行　

著者　山下智子、池谷陽子
発行　日本キリスト教団出版局
〒169-0051
東京都新宿区西早稲田2-3-18
電話・営業03（3204）0422　編集03（3204）0424
http://bp-uccj.or.jp

印刷・製本　精興社

ISBN978-4-8184-0908-8　C0016　日キ販
Printed in Japan

日本キリスト教団出版局の本

こひつじたちのあいうえお
愛からはじまるキリスト教

山下 智子・文、池谷 陽子・絵

B5 判 並製 106 ページ 1,600 円

「愛」「父」「眠り」「平和」など、「あ」から「ん」までの 45 の言葉について、キリスト教にはじめて触れる人でも楽しく読めるように工夫されたキリスト教入門エッセイ。こひつじ、こども、鳥、猫などの心温まるイラストといっしょにそのこころを知ることができる。

ポストカード
こひつじたちのあいうえお　愛からはじまるキリスト教

池谷 陽子・絵　はがき 9 枚　500 円

『こひつじたちのあいうえお――愛からはじまるキリスト教』から飛び出した 9 枚のポストカード。季節を問わず用いることのできる絵本作家の力作。

新島八重ものがたり

山下 智子・著　四六判 並製 146 ページ　1,500 円

幕末の会津藩士の家に生まれた山本八重。戊辰戦争を銃を手に戦った女丈夫は、新島襄の妻として同志社創立を支え、襄の死後も篤志看護婦として、茶道師範として自分の生きる道を切り開きながら、キリスト者として生きた。激動の時代を毅然と生きぬいた女性の生涯。

エッサイの木
クリスマスまでの 24 のお話

ジェラルディン・マコックラン・文

沢 知恵・訳、池谷 陽子・絵

A5 判 上製 158 ページ 1,800 円

児童文学の名手が紡ぎ出す、「アダムとエバ」から「イエス」に至る 24 の物語。ある日、イエスさまの先祖たちをあらわす「エッサイの木」を彫るおじいさんと男の子が出会う。最初は迷惑がっていたおじいさんだが、男の子に聖書のお話をひとつひとつ語りだす。小学校中学年から。

価格は税別。重版の際に定価が変わることがあります。